社区生活圈商业设施供给评价及提升策略

——以北京市朝阳区为例

李 婧 杜媛媛 殷舒瑞 著

中国建筑工业出版社

图书在版编目（CIP）数据

社区生活圈商业设施供给评价及提升策略：以北京市朝阳区为例 / 李婧，杜媛媛，殷舒瑞著. -- 北京：中国建筑工业出版社，2025.3. -- ISBN 978-7-112-31028-9

Ⅰ. F299.271.3

中国国家版本馆CIP数据核字第2025POU218号

基金资助：
1. 北京社会科学基金（23SRB010）；
2. 北方工业大学毓秀创新项目（2024NCUTYXCX117）

责任编辑：唐　旭
文字编辑：孙　硕
书籍设计：锋尚设计
责任校对：姜小莲

社区生活圈商业设施供给评价及提升策略——以北京市朝阳区为例
李　婧　杜媛媛　殷舒瑞　著

*

中国建筑工业出版社出版、发行（北京海淀三里河路9号）
各地新华书店、建筑书店经销
北京锋尚制版有限公司制版
北京中科印刷有限公司印刷

*

开本：787毫米×1092毫米　1/16　印张：9½　字数：186千字
2025年3月第一版　2025年3月第一次印刷
定价：**79.00**元
ISBN 978-7-112-31028-9
（44627）

版权所有　翻印必究
如有内容及印装质量问题，请与本社读者服务中心联系
电话：（010）58337283　QQ：2885381756
（地址：北京海淀三里河路9号中国建筑工业出版社604室　邮政编码：100037）

前言

党的"二十大"报告提出从效率优先转向效率与公平协调发展。社区商业作为八大公共服务设施之一，对其空间公平性展开研究符合时代发展需要。本书立足于社区商业设施更新，以社区生活圈为研究范围，结合社区商业、社会公平、供需关系、耦合协调等相关概念和理论，构建耦合协调模型，并对北京市朝阳区开展实证研究。

社区生活圈是服务居民的"最后1公里"。本书基于其他学者的研究，以小区中心为度量点，用居住小区的步行可达性范围来划定5分钟、10分钟和15分钟生活圈，并以此为研究单元，探讨社区生活圈商业设施供给水平耦合协调程度。在建立包含人群需求推力、商业设施拉力和交通纽带效力三大指标评价体系的基础上，通过Delphi-AHP法对评价指标赋权重，构建耦合协调模型，进而计算三大指标评分，计算各居住小区的耦合协调度，并进行类型划分和特征分析。在实证研究中，整理北京市朝阳区社区商业相关数据，分析社区生活圈内人口、商业、交通三者的分布特征，将研究数据带入构建的模型中，对三大指标的数据做标准化处理并计算耦合协调度，根据得分对各居住小区做耦合类型划分与特征分析，从宏观视角找出薄弱区域，总结三个主要问题，包括城市发展进程中的空间分异现象、社会不公平与资源分配不均状况、市场调节与政府干预的矛盾问题。

微观遵循"商业—人群—交通"的自身特点和耦合关系，从研究样本中选取典型案例小区，通过实地调研探究社区商业耦合协调的空间分异情况，分析商业设施现状特征和内在成因。包括不同类型住区居民商业需求分异、供需匹配动态界定和精细化维稳存在难度、交通路网对社区商业存在两面性影响。为了使社区生活圈内商业设施更具公平性和普惠性，从需求方面应当丰富人群需求数据获取途径，对不同类型住区做有针对性提升；从供给方面应当补齐基本保障类商业设施，腾退街道闲置空间，建设便民商业综合体；从交通路网方面应当关注交通枢纽地区的商业供给情况，同时大力发展小街区密路网的格局。

目 录

前 言

第1章 绪论 ··· 1
   1.1 社区商业的前世今生 ·· 2
      1.1.1 当前社区商业发展趋势 ·· 2
      1.1.2 城市消费时代应运而生 ·· 3
      1.1.3 社区生活圈发展前景 ··· 3
      1.1.4 新时期人群消费新需求 ·· 4
   1.2 耦合理论对于社区商业发展的目的与意义 ································ 5
      1.2.1 研究目的 ·· 5
      1.2.2 研究意义 ·· 6
   1.3 内容与方法 ··· 7
      1.3.1 社区商业供给评价内容 ·· 7
      1.3.2 社区商业供给评价方法 ·· 8
      1.3.3 评价及实证框架 ·· 9
   1.4 相关概念 ·· 9
      1.4.1 社区商业 ·· 9
      1.4.2 社区商业布局 ·· 11
      1.4.3 社区生活圈 ··· 12
      1.4.4 空间公平 ··· 13
      1.4.5 公平绩效 ··· 13
      1.4.6 耦合协调 ··· 14
   1.5 本章小结 ··· 14

第2章 相关理论及研究综述 ·· 15
   2.1 社区商业供给评价相关理论 ·· 16
      2.1.1 可达性理论 ··· 16

  2.1.2 邻里单元理论 ·· 16
  2.1.3 供需理论 ·· 16
  2.1.4 耦合协调发展理论 ·· 17
 2.2 国内外相关理念发展历程 ·· 17
  2.2.1 社区生活圈理念 ·· 17
  2.2.2 社区商业设施 ·· 21
  2.2.3 耦合协调发展 ·· 24
 2.3 社区商业的优化难题与解决路径 ······································ 28
 2.4 本章小结 ·· 29

第3章 社区生活圈商业设施供给水平耦合协调模型构建 ···················· 31
 3.1 已有的生活圈划定方法 ·· 32
  3.1.1 缓冲区分析法 ·· 32
  3.1.2 两步移动搜寻法 ·· 32
  3.1.3 网络分析法 ·· 32
  3.1.4 API 构建等时圈法 ·· 33
 3.2 模型构建思路 ·· 34
 3.3 研究范围划定 ·· 35
 3.4 评价指标筛选 ·· 37
  3.4.1 选取原则 ·· 37
  3.4.2 选取依据 ·· 37
  3.4.3 筛选过程 ·· 39
  3.4.4 问卷分析 ·· 40
  3.4.5 指标体系的确定 ·· 42
  3.4.6 评价指标解析 ·· 43
 3.5 确定指标权重 ·· 48
  3.5.1 专家打分法 ·· 48
  3.5.2 层次分析法 ·· 49
  3.5.3 权重的计算 ·· 50
 3.6 评价模型构建 ·· 54
 3.7 数据处理方法 ·· 54
  3.7.1 数据采集方法 ·· 54
  3.7.2 数据标准化方法 ·· 55

  3.8 耦合协调评价 ··· 55
    3.8.1 计算耦合协调发展指数（CDI） ································· 55
    3.8.2 耦合协调评价标准确定 ··· 56
  3.9 本章小结 ··· 57

第4章 社区生活圈商业设施供给水平耦合协调模型应用研究 ········· 59
  4.1 北京市朝阳区概况与数据来源 ·· 60
    4.1.1 北京市朝阳区概况 ··· 60
    4.1.2 研究数据获取 ·· 60
    4.1.3 社区生活圈划定 ·· 65
    4.1.4 研究数据计算 ·· 66
  4.2 指标分值的计算 ··· 73
    4.2.1 人群需求推力 ·· 73
    4.2.2 商业供给拉力 ·· 73
    4.2.3 交通纽带效力 ·· 76
  4.3 耦合协调度的空间分布特征 ··· 78
    4.3.1 朝阳区5分钟生活圈商业设施供给水平耦合协调度 ········· 78
    4.3.2 朝阳区10分钟生活圈商业设施供给水平耦合协调度 ······· 80
    4.3.3 朝阳区15分钟生活圈商业设施供给水平耦合协调度 ······· 83
  4.4 耦合类型划分与耦合特征分析 ·· 87
    4.4.1 基于5分钟生活圈构建的社区商业耦合类型评价 ············ 88
    4.4.2 基于10分钟生活圈构建的社区商业耦合类型评价 ·········· 90
    4.4.3 基于15分钟生活圈构建的社区商业耦合类型评价 ·········· 92
  4.5 宏观问题总结 ·· 94
    4.5.1 城市发展进程中的空间分异问题 ································ 94
    4.5.2 社会不公平与资源分配不均问题 ································ 95
    4.5.3 市场调节与政府干预的矛盾问题 ································ 96
  4.6 本章小结 ··· 97

第5章 典型案例小区的耦合协调关系研究 ··································· 99
  5.1 "商业—人群—交通"自身特点分析 ··································· 100
    5.1.1 按"人群需求推力"划分 ·· 100
    5.1.2 按"商业供给拉力"划分 ·· 108

5.2 "商业—人群—交通"耦合关系分析 ································ 113
5.2.1 按供需匹配关系划分 ······································ 114
5.2.2 按交通作用类型划分 ······································ 117
5.3 微观问题总结 ·· 119
5.3.1 不同类型住区居民的商业需求分异问题 ············· 119
5.3.2 供需匹配的动态界定和精细化维稳问题 ············· 120
5.3.3 交通路网对社区商业的两面性影响问题 ············· 121
5.4 本章小结 ·· 122

第6章 社区生活圈的商业设施优化策略研究 ·················· 123
6.1 人群需求侧优化策略 ··· 124
6.1.1 丰富数据获取途径,探察居民真实需求 ············· 124
6.1.2 不同住区需求分异,有针对性发展更新 ············· 124
6.2 商业供给侧优化策略 ··· 126
6.2.1 补齐基本保障商业,优化现有业态配比 ············· 126
6.2.2 腾退街道闲置空间,建便民商业综合体 ············· 126
6.3 交通路网优化策略 ·· 127
6.3.1 关注交通枢纽地段,健全道路可选择性 ············· 127
6.3.2 发展小街区密路网,交通因素取长补短 ············· 128
6.4 本章小结 ·· 129

第7章 结论与展望 ··· 131
7.1 研究结论 ·· 132
7.2 创新点 ··· 133
7.3 不足与展望 ··· 134

参考文献 ··· 136

第 1 章

绪论

1.1 社区商业的前世今生

1.1.1 当前社区商业发展趋势

党的"二十大"报告指出"我们坚持把实现人民对美好生活的向往作为现代化建设出发点和落脚点，着力维护和促进社会公平正义，着力促进全体人民共同富裕，坚决防止两极分化"。政策导向明显从"效率优先"转向"效率与公平协调发展"，在未来城市发展中要处理好效率和公平的关系，城市将实现从区域集中向"去中心化"的转变，城市资源和各类公共服务设施将均衡分布在城市的各个地区。

社区商业是保障城市正常运转的重要公共服务设施，城市"去中心化"发展的大趋势，赋予了社区商业更多的发挥空间。我们有必要对社区商业的价值进行重新认识，它不仅是社区的生活配套，而应从区域商业均衡布局的角度进行重新定位，综合考虑社区商业的区位、交通、规模、体量和区域竞争等因素，深入挖掘社区商业的最大潜力，从而实现社区商业价值的最大化。

在突发公共卫生事件中，能够满足消费者即时需求的"最后1公里"社区商业凸显其优势，迎来了发展的黄金时期，也加快了迭代更新的速度。社区商业构成了连接工作和生活的延伸，也拥有相对固定的客流。社区商业和互联网思维相结合，开始成为具有想象力的价值提升空间。据相关研究统计，国内社区商业总体量超过10亿平方米，但现阶段社区商业消费占比仅为40%，而成熟国家的社区商业消费比例高达70%（数据来自中国社区商业网）。随着我国城市化进程的加快，预计未来十年，一线和二线城市将形成2万个新社区，因此未来社区商业的发展空间巨大。2022年1月10日，在第二届社区商业发展推介会上，商务部原副部长张志刚提到："社区虽小，乾坤大。抓好便民生活圈的建设意义深远。便民生活圈建设是人民对美好生活向往的重要方面，是坚定实施扩大内需战略、畅通国民经济循环的神经末梢"。2023年发布的《全面推进城市一刻钟便民生活圈建设三年行动计划（2023—2025）》更是进一步印证了此结论，该政策要求社区在规划过程中合理布置商业网点，促进商业设施和公共设施联动；同时丰富特色消费场景，服务各类人群，增强多元消费体验，推动多类型"15分钟便民生活圈"建设。未来社区商业由于地缘优势与邻里信任等因素将成为分割未来社区单元的新利器，而未来社群结构也将随之演变为"个体＜家庭＜社区＜生活圈＜区域＜城区＜城市"。

根据亚当·斯密的自由主义经济学理论，一个社区的商业业态只有在经过多年的如何满足便民生活需求、增强社区吸引力、提升住宅卖点的考虑，才会出现。在居住用地出让时，大部分社区都会配备一定的商业设施，对于该小区的居民来说，家门口有商业设施极大地方便了居民的日常生活，也在一定程度上实现了商业设施的均衡布局。但是，对大型居住区而言，每个居住小区都附有商业配套，这可能导致该地区整体商业设施的供给大于需求。因此，市场层面供需不平衡会导致恶性竞争，从而给社区商业发展带来负面影响。

1.1.2 城市消费时代应运而生

"十四五"以来，消费议题始终是国家关注的重点。消费经济作为国民经济增长的动力源，能够统筹扩大内需，深化供给侧结构性改革；同时让城市成为载体，即"国际枢纽""消费空间"和"辐射中心"。然而，随着全球经济结构调整与数字网络技术发展，人群对于消费需求和消费模式正从大众化、需求化逐步转向多元化、个性化，而且在消费行为上更加理性和谨慎，这表明消费载体建设正式进入存量时代。当前消费的主要特征是基于科学网络技术构建一站式、全产业链式的消费流程，以可持续发展为目标进行消费场景构建，最终打造具有独特性、交互性的跨界创新品牌。因此，有关城市地域特色的宣传将作为新兴消费的主要手段被广泛应用。北京市作为高密度人口的国际大都市，应深入推进北京国际消费中心城市建设，持续扩大首都消费辐射范围。2024年2月，北京市出台《北京培育建设国际消费中心城市2024年工作要点》，从消费新场景、新品牌、新结构、新优势、新市场、新环境六个方面出发，推动"老字号"和新品牌共同发展，保障旅游消费与生活服务齐头并进，充分发挥首都优势，高质量推进北京国际消费中心城市建设。

1.1.3 社区生活圈发展前景

2018年12月，住建部颁布了《城市居住区规划设计标准》，标志着生活圈层次居住区结构正式建立。生活圈层次居住区结构以人为尺度，空间资源配置更趋于人性化、合理化。2023年7月，国家商务部等13部门联合发布《全面推进城市一刻钟便民生活圈建设三年行动计划（2023—2025）》，按照"试点带动、典型引路、全面推开"的路径，总结推广前期经验，分阶段推进城市社区生活圈建设，并将其落实到实践中。有关学者对15分钟生活圈做过大量研究，各城市、各地区也先后编制并实施15分钟生活圈规划；2022年北京市颁布《加快建设一刻钟便民生活圈，促进生活服务业转型升级的若干措施》，结合当前高密度城区"疏解整治促提升"行动推动生活服务业态转型，并要求在2025年实现便民生活圈全覆盖。尽管在宏观层面上，15分钟生活圈规划已经被广泛地研究和执行，但是真正能体现城市人民需求的是5分钟、10分钟生活圈规划，目前涉及此类更小尺度生活圈的研究较少。

当前各地规划标准已有相关趋势，在充分研究15分钟生活圈的基础上，开展了对更小尺度生活圈的探索。如雄安新区颁布的《社区生活圈规划建设指南（2020）》提出要建设以人为本、全龄友好的五分钟生活圈[1]；济南市颁布的《济南市十五分钟生活圈专项规划》在街区层面按照十五分钟生活圈标准，打通服务居民的最后"1公里"甚至最后"100米"[2][3]；包头市颁布的《城市居住社区（五分钟生活圈）配套服务要素规划技术指导意见》把社区的配套服务要素分为健康管理、养老服务、体育健身、商业服务、行政管理、公共设施、公共安全等。因此，聚焦多个层级的社区生活圈，将契合居民多层次的需求，特别是儿童及老人的需求，可以进一步完善社区商业等公共资源精细化配置，从全生命周期出发，给予在地居民人文关怀[4][5]。

1.1.4 新时期人群消费新需求

改革开放40余年来，随着城市的不断扩张，城市居民生活需求和城市各类公共服务设施发展失衡和不充分的矛盾日益突出，这个问题在大城市里表现得尤为明显[6]。后来，随着互联网时代的到来和新一代消费者的出现，人们的消费观念和消费方式发生了巨大转变。社群社交、时间碎片化、网上购物等一系列变化，促使社区商业、电子商务等"新兴消费方式"成为年轻消费者的首选，一直存在于身边但未被广泛重视的社区商业，迎来了巨大的发展机遇[7]。

突发公共卫生事件后，让市场重新洗牌。人们的消费观念发生逆转，内容、情感、价值观在潜移默化中成为新的消费决策点，人们消费的潜意识发生改变。人是社区商业服务的主体，理解了人的需求，就能洞察到背后的市场，有了市场就有了发展的前景。因此，如果想摸清社区商业的未来发展方向，需要从多维度对"人"进行剖析。

如今，人们更加注重个人健康，注重生活质量。理性谨慎消费，更加注重日常生活，这些都来自风向的改变。人们消费的重点转向与自己密切相关的身心体验，以及如何更好地寻找纯粹的快乐。随着"非必要"的社交生活被逐渐压缩，身份焦虑递减，人们在消费上趋向理性与慎重。人们的社交频次普遍降低，对厨房的利用率提高，对新鲜食品的需求增加，对社区商业的访问频率也随之提高，对个人的健康与生活质量有了更多的重视，在日常生活中更加注重社区生活的环境和质量[8]。

从大环境来看，中国经过高速发展后，人民生活水平得到了极大改善。人们对于社区商业的需求，已不再是简单满足基本的物质生活，优质的商品供应、有品位的消费场景才是人们心中向往的美好生活。居民要求重建紧凑、完整、便利和网络化城市生活空间的呼声越来越高。但当前城市商业消费空间结构有待完善，存在市场需求不明确、产业配置错位的问题。社区商业大多以销售为主，缺乏整体规划。开发商为了快速出货，尽量把面积做小，把总价做低，以便快速回笼资金，导致社区商业千篇一律。在对社区商业市场现状调研中发现，当前社区商业以便利店、简餐、艺术培训、中介、低端美容保健为主，缺乏购物环境、消费体验和品牌连锁，平均档次不高，产品品质不够好，只能提供最基本的生活服务，甚至一些不发达地区基本保障类商业的需求都难以满足。然而，在人民生活水平日益提高的今天，对商品和服务的要求水涨船高，需求趋向于多样化，需要从社区商业服务质量和服务广域两方面同时满足居民对高品质生活的追求。而判断其能否取得成功最重要的标准是是否获得了居民的认可，是否提升了居民的生活品质，是否做到了真正的便民、利民、惠民。

1.2 耦合理论对于社区商业发展的目的与意义

1.2.1 研究目的

对社区商业的整治既要了解当前存在的问题，又要从实际问题出发，确立发展方向，顾全长远规划。本书的研究思路以评价社区商业设施当前的供给水平为导向，运用圈层理论、耦合协调发展理论、公共服务均等化理论、供需关系理论，构建耦合协调模型，应用于探讨不同尺度下社区生活圈商业设施的供给水平与人口情况、交通条件的耦合关系，总结社区商业设施个性化和均等化问题，从社区商业空间布局、业态配比等方面提出规划策略，并提出更为科学合理的未来发展建议。

本书希望通过研究和讨论，达到以下目的：

1. 构建社区生活圈商业设施供给水平耦合协调评价模型

以每一个居住小区质心为原点，划定其步行5分钟、10分钟和15分钟的等时圈，并定义为该居住小区所在的社区生活圈。运用耦合协调发展理论，通过Delphi-AHP法选取评价指标，构建"商业—人群—交通"的社区商业供给水平耦合协调模型，用以评价研究区内5分钟、10分钟和15分钟生活圈内商业设施供给水平的耦合协调程度，为将来有关供需匹配的耦合协调研究提供借鉴。

2. 利用耦合协调模型对社区生活圈商业设施的供给水平进行量化评价

获取多源网络开放数据，运用ArcGIS10.6软件，以北京市朝阳区为例，划定5分钟、10分钟和15分钟生活圈，分析不同圈层尺度内生活圈商业设施分布的密度、业态和服务水平等特征，并采集不同尺度的人口数据和道路数据，用大数据的方法对北京市朝阳区社区商业的空间布局进行定量分析。运用社区商业供给水平耦合评价模型分析5分钟、10分钟和15分钟生活圈内商业状况、人口情况和道路状况的协整关系，利用评价模型客观反映北京市朝阳区商业服务设施的供给水平。

3. 提出社区生活圈视角商业设施优化提升对策与建议

从"商业—人群—交通"三者自身特点和耦合关系出发，自身特点分为人群需求侧和商业供给侧，耦合关系分为供需匹配关系和交通作用关系。选取各类型的典型案例小区，研究其5分钟、10分钟和15分钟生活圈的生活圈形态、城市肌理和业态构成对社区商业的影响。通过实地调研，探讨设施供需不匹配的主要原因，研究不同住区商业供给水平的差异性特征。分析居民对住宅商业设施的实际需求，基于调研，总结梳理社区商业分布不均等主要原因，提出针对性的策略与建议，继而完善居民对社区商业的需求，以改善社区生活空间品质[9][10]。

1.2.2 研究意义

1. 理论意义

目前，我国对社区生活圈内商业设施布局的公平性和均等性研究较少，而社区生活圈的建设实践在很多城市已经先行开展，实践的迫切需求与理论研究的滞后矛盾日益突出。因此，本书以5分钟、10分钟和15分钟生活圈为研究尺度，对北京市朝阳区各居住小区商业设施的供给水平进行耦合协调评价，探究不同尺度生活圈视角下的商业设施优化路径，为今后社区生活圈商业设施的供需匹配和精准配置提供思路，并致力于促进社区商业布局的公平性和社区生活圈规划的完善。

2. 现实意义

社区生活圈建设在我国处于起步阶段，其商业设施规划布局也面临着供需不平衡、服务能力弱、可进入性不强等问题。随着健康消费新时代的到来，需求的转变悄然而至。城市治理趋于精细化，各年龄段人群对社区商业设施的要求逐步提高，合理的住区商业设施配置和空间布局有助于提升居住人群的生活品质。本书的研究通过从人群需求、商业供给和交通纽带三个层面构建社区商业供给水平耦合协调模型，可以为当前各圈层尺度生活圈内商业设施的供需平衡和公平分配问题提供研究方法，也为未来社区生活圈的规划提供一种可借鉴的思路，协助政府缓解社区生活圈层面商业设施的不均衡问题。

1.3 内容与方法

1.3.1 社区商业供给评价内容

本书以社区商业为研究主体，以设施供给水平为研究方向，将所用研究方法与现状大数据相结合，构建了社区生活圈商业设施供给水平耦合评价模型，以北京市朝阳区为案例进行应用。通过对人群需求推力、商业供给拉力和交通纽带效力三个指标层的综合计算，来评价社区生活圈商业设施供给水平及空间分布特征，最后，针对典型案例小区的现状条件进行差异化分析及共性问题汇总，提出相应的"商业—人群—交通"优化策略。全书共分五个部分，具体如下：

第一部分为本书第1、2章，分别为绪论及研究综述。该部分主要包括选题意义、研究背景、研究目的、相关概念界定，以此确定了本书的研究方向、主要内容、研究方法及框架。进而解析相关理论，并从社区生活圈、社区商业设施、耦合协调发展三个方面对国内外相关研究进行梳理。

第二部分是构建社区生活圈商业设施供给水平的耦合协调评价模型，为本书第3章。此部分的内容是在对现有生活圈划定方法进行归纳与比较，确定本书采用基于ArcGIS与地图API构建等时圈的方法。首先根据居住小区质心划定其步行5分钟、10分钟和15分钟等时圈范围，将其定义为该小区的社区生活圈；其次，从"商业—人群—交通"角度建立评价指标体系，该体系包括人口需求推力、商业供给拉力和交通纽带效力三大指标层，采用层次分析法确定各指标层下二、三级指标权重；最后，综合计算出三个指标层之间的耦合协调度。

第三部分是以居住小区为研究单元，利用第3章构建的供给水平耦合协调评价模型对北京市朝阳区内所有居住小区进行应用研究，即本书第4章。首先，确定北京市朝阳区符合研究条件的居住小区，并划定其5分钟、10分钟和15分钟生活圈，收集生活圈内商业设施现状、人口数据信息和交通路网条件等大数据信息；其次，计算每个居住小区所在各圈层尺度下生活圈的耦合协调度，总结出社区商业的分布特征，得出各居住小区的耦合类型划分与特征，并按照供需匹配关系和交通作用类型进行分类；最后，宏观总结三个方面的突出问题，分别为城市发展进程中的空间分异问题、社会不公平与资源分配不均问题、市场调节与政府干预的矛盾问题。

第四部分是根据上述研究归纳找出典型案例，从空间视角分析每个典型案例小区商业设施供给情况的影响条件，即本书第5章。划分依据是先按照"商业—人群—交通"自身特点，将典型案例按照"人群需求推力"和"商业供给拉力"进行划分并分析其特征；再进行"商业—人群—交通"耦合关系研究，将典型案例按照供需匹配关系和交通作用类型进行划分并分析其特征;最后,微观总结三个方面的突出问题,包括不同类型住区居民的商业需求分异问题、供需匹配的动态界定和精细化维稳问题以及交通路网对社区商业的两面性影响问题。

第五部分是提出社区生活圈商业设施的优化建议,即第6章。分别从人群需求侧、商业供给侧、交通路网侧出发,探讨更全面、准确了解人群需求的研究方法,找出当前社区商业区域内耦合协调发展的薄弱环节,试图提出促进社区商业公平均等发展的优化策略,为朝阳区社区商业设施的布局改善提供合理依据[11]。

1.3.2 社区商业供给评价方法

1. 文献阅读法

通过书籍和网络资源获取北京市朝阳区社区商业设施的相关规划与现状资料,重点查阅有关商业设施公平均等、协调发展等文献,了解国内外经典理论及相关研究进展,为本书提供理论支持[12]。同时,整理社区商业的相关政策法规和标准。以上作为本书研究的基础资料。

2. 多源数据定量分析法

定量研究通过统计软件对数据进行分析。一般而言,定性研究用来发现新的理论,定量研究则更多地应用于验证现有理论,使分析研究结果更加科学可信[13],本书采用多源数据定量的分析方法,重点研究"商业—人群—交通"空间分布特点和供需匹配关系。在研究中为确保研究成果数据真实、研究样本的统一,未采用问卷调查的形式调研个体的商业需求,因为人群的个性化需求难以量化和界定,在此仅用人口数量等可量化数据衡量人群需求。

利用百度地图POI数据、WorldPop开放数据、规划云数据、百度地图开放数据、大众点评数据、安居客和链家数据等大数据样本,抓取有关住区属性、商业数据、人口数据、行政区划边界以及道路数据等,结合实地调研修正一些不准确的信息,将其作为供给水平耦合协调模型的指标数据基础,增加本次研究的科学客观性、全面性和时效性。最后,构建社区商业设施的调查数据库,通过ArcGIS地理空间分析、统计分析等多种分析方法,对研究区的社区商业设施供给水平的耦合协调程度进行量化评价,并将相关结果做可视化表达。

3. 理论研究和调查研究

在学习和整理社区生活圈相关理论的基础上,分析不同圈层尺度生活圈内社区商业、人口状况、道路交通之间的供求耦合协调关系，构建社区生活圈商业供给水平的耦合协调评价模型，并以北京市朝阳区为实证对象，对社区商业设施供给水平进行评价，实现理论学习与应用研究的结合，并通过观察、随机访谈等方式，对研究区内典型案例小区周边社区商业情况进行实地调研，总结出商业设施的分布特点、业态分类等现状因素，做到数据研究与实地研究相结合，最后对朝阳区社区商业的未来发展和建设提出有针对性的优化建议。

4. 多学科交叉研究

本书研究的社区生活圈商业供给水平问题涵盖了工学、地理学、管理学、统计学、经济社会学等诸多学科，学科间的侧重点各不相同，所提出的现状问题需要多学科交叉研究，才可总结出合理可行的改进措施。本书从建筑学和城乡规划学视角研究社区生活圈商业设施的供给水平，结合经济社会学的耦合协调发展理论、供需理论和社会均等化理论，利用数理统计和空间分析方法在一定程度上实现了多学科的交叉融合，并以此对社区商业设施与人口的供需匹配程度进行量化评价，结合调研成果对研究区提出均衡发展优化建议。

1.3.3 评价及实证框架（图1-1）

1.4 相关概念

1.4.1 社区商业

本书所研究的商业设施包括非社区团购、网购前置仓的社区实体商业类型，定义为"以社区为基本载体，以居民生活质量得到提升为目的，为居民提供物质与精神两个方面所需的商品与服务，以满足和推动居民综合消费为主要目的的属地式商业"。社区商业包含三个特点：地域性，即以居住区为载体，主要面向辖区内的居民，不具备广泛性和辐射性；目的性，是为了满足居民的日常消费，为其提供生活所需的商品和服务，并借此改善生活质量；多样性，是指集购物、休闲、娱乐、餐饮等功能于一体，多种商业形态的集合。

值得注意的是，如今的商业模式日趋多元化，在移动互联网时代中，电子商务的蓬勃发展使得实体社区商业空间开始被虚拟要素重组，演化出新的运作趋势和空间类型[14]。社区电商对传统社区商业模式产生了一定的冲击，之前电商作为传统商业的

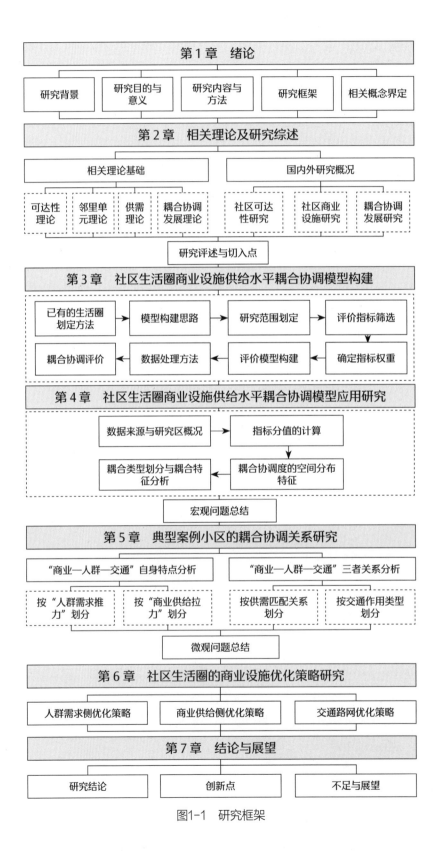

图1-1 研究框架

有益补充,如今逐渐转型成为撬动内需的一种新形势,因此传统社区商业亟须改造升级。目前,多数人还是认同"看得见,摸得着"的消费理念,无法完全接受虚拟消费的电子商务模式。本书研究的对象为消费理念倾向于线下消费的这类人群,但是因研究尺度为小区,人群的线上消费与线下消费难以分开讨论,在此界定不考虑线上消费对实体社区商业的影响。

社区商业作为社区公共服务设施的一个门类,既属于政府主导的保障性建设,也受到市场化的竞争环境制约。社区商业一般提供与居民生活关系最密切的商品与服务,最大限度地满足社区居民的日常需求,让居民享受到便捷的服务。社区商业讲求规律性与便利性,是人们在生活中接触最频繁的一种商业形式[15]。社区商业设施需要针对不同小区的具体情况,结合小区居民需要,进行等级规模、空间布局和业态结构的配置。

2019年,国家市场监督管理总局颁布《社区商业场所设置及功能要求》GB/T 37915—2019,其主要提到根据居住人口及服务半径,社区商业被精确划分为三个层次[16](表1-1),并以商业设置、服务人口、服务半径和人均商业面积四项评价指标界定社区商业。其中,商业综合体结合了各种生活性服务业态,是除了蔬菜零售、便利店、早餐和其他小型社区商业设施以外的,城市生活性服务业布局的焦点,更是维系良好社区生态建设的关键[17]。在本研究中,为了减弱商业综合体对社区商业供给水平的影响,使得研究结果更具普适性,在5分钟生活圈内所研究的商业设施不包括商业综合体,在10分钟和15分钟生活圈中将其纳入研究范围。

社区商业的设置规模　　　　　　表1-1

分类	规模 (万/m²)	服务人口 (万人)	服务半径 (km)	定义
社区商业综合体	1~4.5	3~5	≤3	集中布置于一个或者几个小区中心,以满足居民及部分流动消费者综合生活消费需求的规模较大的综合性商业设施
社区便民商业中心	0.05~0.2	0.5~1	≤1	设置供小区内居民日常生活必须的商品及便民服务,设施较为集中完整,复合型商业设施
街坊商业	≤0.05	≤0.3	≤0.5	设置相对分散与居住人口数量相对应,便于居民就近购买日常生活必须商品与服务,为居民提供必要生活服务的小微型社区商业形态

(资料来源:作者根据资料整理绘制)

1.4.2　社区商业布局

不同年龄阶段消费群体具有不同消费习惯与偏好,商业规划布局和业态组合设计最基本的原则是以消费群体流动为基础、精准掌握出行路线与生活需求，并有针对性地规划设计。社区商业主要包括餐饮、生活、购物以及综合服务，它的职能是为周边居民提供日常生活所需的商品和服务，同时为适应社会经济的发展和人们生活水平的提高，丰富了现代服务商业的类别，延伸"家"的作用，迎合现代人个性化的需求。在居住小区周边主要配置超市、便利店、菜市场、饭店及日常生活的服务站点等；合理布局大型超市、文化娱乐场所及特色商店；在社区周边通常不设置商场，而是设置一些满足生活需求的小型采购点，如百货商店、仓储商店、集贸市场等。

因为居住小区类型的差异，所以其商业的大小与构成也各不相同。从分类上，根据社区商业的形态可分为单层铺、一拖二店铺、骑楼铺等组合类型；根据消费需求的定位，社区商业的类型可分为外向型、偏外向型、内向型商业。同时，商业配套规划需要遵循的原则包括便利性原则、和谐性原则、开放性原则、适度开发原则和景观再造原则[18]。

随着城市化进程的加快，社区商业建设日益受到人们的重视，它不仅为社区带来了更多的活力，也为人们提供了更多的便利，满足了居民多样化的生活与消费需求[19]。因此，在进行社区商业规划时，要注意其功能定位、自身发展方向以及与之相适应的商业业态布局。从供需匹配角度看待区域人口情况与社区商业之间的耦合协调关系，反映到空间布局和业态分布上，将会使区域内社区商业得到更均衡的发展。

1.4.3 社区生活圈

日本在快速城镇化、快速工业化、地区不平衡、生态遭受破坏的背景下提出"生活圈"这一概念，旨在对中心城区内的居民进行有效疏导，促进城乡、地区协调发展。后柴彦威等学者从日本引入，包括多种尺度和类型，如15分钟生活圈、1小时生活圈、1天生活圈等。在国外，对社区生活圈的理解已非常深刻，但在国内，对它的研究与讨论仍不够透彻。最近几年，伴随着社会的发展，以及人们需求的提升，使得社区生活圈的概念再次走入大家视线。这一概念首先体现在上海开展的规划创新探索中，逐渐影响到全国的规划实践，并与雄安新区、浙江未来社区等智慧城市和智慧社区概念联系在一起，同时也成为新制定的居住区规划设计标准和国土空间规划标准的重点内容。《社区生活圈规划技术指南》已清楚地表明，将"社区生活圈"作为城市的基本单元，在适宜的步行半径之内，形成"宜居、宜业、宜游"的社区生活共同体，对居民基本生活所需要的各种功能与设施进行配置，提倡健康活力与绿色低碳的生活方式[20]。

社区生活圈是由非物质空间要素组成的生活区域，在划分时要结合人群特征综合考虑[21]。为此，本研究将社区生活圈界定为在某一空间区域中，居民为解决其日常生活而以步行为出行方式,所构成的圈层化结构空间,并以其为依据,设计出具有住宅、道路、站点、服务设施、公共空间等设计元素的社会基本生活单位。本研究从5分钟、10分钟和15分钟生活圈三个圈层尺度对社区商业供给水平展开研究。

1.4.4 空间公平

社区商业作为一种商业服务,属于八大公共服务设施之一,同样面临着空间公平与均等性问题。最初,政府部门最关注的是社区商业"有没有"的问题,随着社区商业类型和业态不断丰富,下一步最应注重社区商业规范化发展,保证"有"之后,还要保证"优"。为保证"优",既需要市场手段,比如大量资金和商家进入社区商业领域所引发的竞争以及优胜劣汰等过程。在此基础上,政府还应起到积极的引导和监管作用,保证社区商业区域的公平性,让居民能够平等享受基本保障类商业服务。

正如哈维指出的那样,"公共服务资源分配不公是指在体制机制层次上对某些社会群体的歧视,而在实际生活中,公平是难以界定的"。如何评价公平性是许多学科研究的热点问题,包括工商管理、法律和马克思主义哲学[22][23]。在我国,社会资源配置的公平性问题在城市地理学中得到了极大的关注,其中包括了城市资源要素的空间分异、城市公共资源的合理配置以及居民在城市中对公共资源的享有差异[24]。其中,"空间公正"是一种基于"物质"的"社会公正",即:①从空间配置的角度来看,空间公平指的是不因为居民居住空间的不同而造成的不平等待遇,强调居民在空间上有着平等的差异,同时公共设施的可达性也是均衡的[25];②从社会空间分异的视角来看,公共服务的空间公平问题包含两个方面:一个是设施,另一个是居民自身,设施的分配应以公平的方式分配给不同属性特征的居民[26];③从需求层面来看,保障区域内公共服务设施的布局,既要符合城市居民主观需求,又要符合其空间分布的地域均等性;④从成效的角度出发,城市公共服务的正外部性应确保每个人都能够公平地受益[27]。

1.4.5 公平绩效

随着人们愈发强调社会公正,在各种专项规划中出现了基于人们需求的个性化与多样化的评估体系,从而反馈到区域范围内设施的发展不均衡上。现有的社会公平绩效评估体系主要集中在城市绿地、教育资源、公共服务设施和交通出行为四个维度,以此分析不同区域和不同住房类型的居民对社会资源分配的空间差异。"公平"一词在公共服务设施中应用较少,但在土地利用方面被广泛应用,它是指社会群体在土地利用效益上的公平分配程度。效率关注的重点是不同类型的资源使用所带来的利益最大化，但公平的加入平衡了这一点，使经济落后地区人民在资源和设施上也能得到相应的发展。弗里德曼提到，加入效率带来的不公其实是公正的。公平和效率一直是社会持续发展过程中的两个矛盾，尽管在短期内效率可以起到一个重要的作用，但从长远利益考虑，需要将公平和效率统筹兼顾。对于社区商业，从公共服务设施的角度探究其空间公平与公平绩效有助于促进地区基础保障类商业均衡发展，为居民提供高品质生活服务[28]。

1.4.6 耦合协调

1. 耦合概念

"耦合"一词最初在物理学中提出，后来被广泛地运用于多个学科。耦合性是指多个系统或多个元素间互动与影响的动力学过程，是一个复杂的演化过程，其特征可以用耦合程度来表征[29]。协调是指系统和要素之间健康良好的发展和合作，彼此之间能够和谐共存，可以用协调程度表征[30]。本研究中的耦合是指社区生活圈内的商业设施供给水平、人群需求和交通纽带之间的耦合关系，在已知三者之间存在相互协调、相互依赖和相互促进关系的基础之上展开研究。

2. 耦合度概念

耦合度反映各子系统间相互关系发展的内部效能与程度。耦合度作为一项指标衡量的是促进整个系统从失序变为有序的协同作用[31]。本研究从"商业—人群—交通"三个视角出发，建立三者间的耦合协调度评价指标体系，选择三者间有着相互影响的指标，来衡量其耦合协调关系；对耦合度进行定量计算，并探讨三个子系统间的耦合强度，提出相应的优化策略。

1.5 本章小结

本章论述了当前社区商业发展趋势、社区生活圈发展前景以及新时期人群消费需求的转变，将社区生活圈与社区商业相结合，缩小了研究范围，即研究居住小区所处社区生活圈内商业设施的供给水平，排除了社区团购、电商等其他类型商业设施的影响，从空间公平和公平绩效角度出发，构建关于"商业—人群—交通"的耦合协调模型。本章依次论述了研究目的与意义、研究的内容和方法，并对相关概念进行界定，从宏观上把握本书的研究思路与框架。

第 2 章
相关理论及研究综述

2.1 社区商业供给评价相关理论

2.1.1 可达性理论

"可达性"这一概念最初出现于交通运输领域,是指利用某一运输工具从起点到达终点的方便程度[32][33]。随着可达性研究体系的日趋成熟,人们对可达性与公共服务设施的关系进行了深入讨论,主要包含两个方面:一是可达性空间布局,即居民在某一区域内获得某项服务所需的时间成本;二是对居民需求可达性的研究,即对居民需求和资源供给的关系进行研究。

2.1.2 邻里单元理论

1929年,建筑师佩里为应对美国当时大都市中居住条件恶劣的情况,提出一种以小学服务半径为基础,控制邻里单元规模的住区配置模式[34]。20世纪八九十年代的"新城市主义"运动进一步将"邻里单位"纳入社区规划之中,并对其进行了合理的调整[35]。在某些地区,"新城市主义"表现为"传统邻里单元开发",邻里规模不再局限于小学,而是基于步行距离,认为邻里的最理想半径为400米,也就是步行5分钟左右的生活区域[36]。同时,将小学等公共设施设置在社区的边缘地带,使其可由多个社区共同分享,形成公共资源,缓解单个"邻里中心"带来的冲击。这样的"邻里单位"遵循步行友好、公交交通友好的原则,既兼顾了日常生活的安全性和便捷性,又兼顾了公共资源的高效合理利用。

"社区生活圈"需要根据国外"邻里单位"的实践,结合中国的国情,发展成为城市居民的最基本生活单元,承担着满足居民日常生活的功能。相对于具有行政职能的社区,"社区生活圈"更多地体现了居民的现实空间,但该空间不是一个单独的社会单元,而是以圈子为基础的空间系统,不同层次的社区对于居民的生活有着不同的意义。构建"社区生活圈",以"锚点"为核心,遵循"人的尺度",将居住空间与公共服务空间依照人们的视线范围和活动范围进行有机结合。因此,"社区生活圈"是一种"独立空间",一种"开放空间",一种"共享空间",它促进了公共服务在可达性、可及性和可控性方面的平等化[38]。

2.1.3 供需理论

供需理论是针对供需关系提出的一种理论,它既是对供需关系问题研究的延展,也是当前经济学界最重要的分析方法。供需双方存在相互作用和影响,供给方的数量、类型和规模在很大程度上是由需求主体来决定的,而需求方的满足程度和参与程度则是取决于供给主体[37]。

社区生活圈商业设施一方面要满足行政要求,另一方面也要接受市场的自发调节[38]。本书内容涉及的社区商业划定为居民生活所必需的商业服务,一定程度上减弱了市场因素的影响。总体而言,充分有效地提供各种类型的商业设施是保障居民基本生活需求的先决条件,在社区生活圈商业设施空间分布的相关研究中,探讨供需是否平衡的关键在于,人们对社区商业设施的主客观需求与设施的类型、数量、质量以及可达性之间形成的平衡。

2.1.4 耦合协调发展理论

耦合度表达了构成系统的各要素之间相互影响的程度,协调一词可以分开理解:协,众之同和也,调,和也。协调是指两个或更多的系统或各系统内部元素之间彼此和谐统一、良性循环的关系,而耦合协调程度衡量的是系统之间或各系统内要素之间相互和谐统一、最终达到有序的协调发展程度[39]。耦合度与耦合协调程度定义有一定的区别:前者主要反映互动程度,不区分优势和劣势关系,而后者主要表示两个互动之间良性耦合的好坏,反映了最终协调程度。

本书旨在构建社区生活圈商业设施供给水平耦合协调模型,通过对北京市朝阳区的应用研究,得出朝阳区各居住小区所处社区生活圈商业设施的耦合协调度,分析评价指标因素的反馈,探讨影响评价结果的主要成因,找到优化多系统间耦合协调关系的方向。

2.2 国内外相关理念发展历程

2.2.1 社区生活圈理念

自1987年生活圈理论被引入我国,学者们随之开展了相关理论的研究和实践。但受到当时经济发展环境和社会制度等因素限制,研究不全面、不系统且缺乏连续性,与同时段国外的相关研究有一定差距。随着政府不断优化政策体制以及对社会治理的日趋重视,使得关于社区生活圈的研究逐渐走向成熟,并引发了地理学、城乡规划等学科众多学者的关注,随之开展了大量关于社区生活圈的实证探索[40]。

1. 社区生活圈的界定

社区生活圈用"圈"来定义空间范围,其好处是更容易区分规模和位置,从而认识到空间的结构关系。古往今来,在西方人的生活中,庙宇和教堂一直是他们生活的中心。在我国,往往以"居住街坊"为主要形态,其中最具代表性的就是唐朝长安城中的"里坊式"生活空间。美国建筑师克拉伦斯·佩里在20世纪20年代以小学为中心提出了"邻里单元",以解决汽车给现代城市发展带来的问题。20世纪90年代,美国政府开始着手治理城市过度郊区化以及由此导致的城市效率低下、土地资源浪费、城市基础设施和城市核心功能退化等问题,因而提出了"新城市主义",为了"结束郊区化的蔓延",开始提倡紧凑、高效和以人为本的设计。

国内对"生活圈"的研究通常考虑不同服务圈层的公共服务设施水平,并将当地居民的日常活动和出行分为三种类型:城市生活圈、基本生活圈和基础生活圈。其中,城市生活圈以满足市民休闲活动为主,存在较大的不确定因素;基本生活圈以居住人口的日常生活所需为主,步行15分钟以内的时间为宜;而基础生活圈则是为了解决当地人们对最基础服务的需求,以5~10分钟的步行范围为宜,根据规划的制定标准,其大致划分情况如表2-1所示。一般而言,生活圈通常是以居住人群的生活需求来划分,以居住人群的习惯和准确的地理信息作为划分依据,但划分的标准是有一定弹性的。

社区生活圈划分及配建指标 表2-1

名称	生活圈划分	配置标准
《城市居住区规划设计标准》	15分钟生活圈	800~1000m,服务5万~10万人口
	10分钟生活圈	500m,服务1.5万~2.5万人口
	5分钟生活圈街坊	200~300m,服务0.5万~1.2万人口
《上海市15分钟社区生活圈规划导则》	15分钟生活圈	800~1000m,服务5万人口
	10分钟生活圈	500m,服务1.5万人口
	5分钟生活圈	200~300m,服务0.3万~5000人口
《济南市15分钟社区生活圈规划》	街道级生活圈	10~15分钟,服务5万~8万人口
	邻里级生活圈	5~10分钟,服务0.8万~2万人口

(资料来源:作者根据资料整理绘制)

社区生活圈的规划从居民的日常生活出发,以居民的需求为中心[41],体现了生活品质和空间的公平。社区生活圈是实现公共服务均等化的重要空间单元,因此在设施配置上具有一定的内部依赖性。现有的研究较少提及商业设施在不同尺度社区生活圈的空间公平性问题，探讨这种关系有助于科学认识和规划社区商业空间布局并提出优化建议。

《城市居住区规划设计标准》GB 50180—2018中提出，根据居民的允许步行距离与时间，将社区生活圈划分为5分钟、10分钟和15分钟的三级生活圈。与此同时，诸多学者在设计规划过程中，将居民的步行可接受范围作为划定生活圈的标准。在实践中，上海和雄安新区都提出了相对明确的生活圈规划，但两者也存在不同。上海是以人为中心构建生活圈，而雄安新区则是以社区中心构建生活圈[42][43]。因此，居民允许步行时间和距离阈值，基本上是社区生活圈划分的基本依据，也是研究和规划实践的基本共识。本书基于这一共识，以居民5分钟、10分钟和15分钟的步行时间为依据，以居住小区质心为原点，构建5分钟、10分钟和15分钟等时圈。研究将等时圈定义为社区生活圈，并展开后续研究。

2. 社区生活圈可达性

社区生活圈规划是指运用可达性理论等多种原理对空间进行布局和优化。已有研究运用指标体系、决策树等方法进行测算和评价，以此反映设施配置情况，评估居住生活适宜性[44][45]。可达性是一种量化表达，指的是居民能够克服距离、出行时间和成本阻力等因素，到达特定的服务设施和活动场所能力的量化表达。目前，国内外学者对设施可达性进行了许多研究，其中，最小临近距离法、费用加权距离法、网络分析法、重力模式、缓冲区法、调用API接口法都是量化指标的重要手段。

同时，可达性分析方法也被广泛用于评价公共服务设施的布局，如医疗、养老、教育、公园和绿地等。大多数关于公共服务设施可达性的研究是从行政尺度开始的，如街道、社区和小区尺度，也有通过划分渔网，从更精细尺度进行研究。韩增林等[46]以Rhino为基础，采用UNA软件对大连市沙河口区幼儿园、中小学的空间可达性进行研究，从居住区层面提出优化布局的措施及新的选址方案；马文军等[6]基于GIS技术的核密度和缓冲区的地理空间分析，对上海市多个居住区和13类基本保障公服设施进行调查，客观评价了其空间布局和可达性特征；陈鲁凤等[47]以GIS为基础，运用网络分析、空间自相关等方法，结合POI数据，对东营区"15分钟生活圈"内公共服务设施的可达性及空间相关性进行分析；华晨[48]等运用核密度分析、空间相关矩阵、网络分析和反向距离加权插值分析法对绍兴市三个区的1729个公共服务设施进行了定量分析，对其空间布局和步行可达性进行定量评估。总体而言，可达性研究在公共服务设施方面已有丰富的研究成果，但是对于商业服务设施而言，由于其数量庞大、影响因素众多，针对商业服务这一项公共设施的研究较少。

基于社区商业的空间可达性测量，主要从空间分布模式、均等性和多样性、居民满意度评估、影响因素分析、规划选址和优化布局等方面进行研究。可达性是指交通运输网络节点间相互作用的机会主义潜能，社区商业设施的空间可达性是通过居民到达设施点所克服的空间阻力大小来衡量的。然而，鲜有文献基于耦合协调发展理论，从三级生活圈尺度评价社区商业设施的供需匹配情况。多数文献针对的是医疗、教育、公园等这类追求高度空间公平的设施类型。虽然社区商业在一定程度会受到市场的影响，但从圈层理论和居民公共服务设施的公平绩效角度出发，社区商业同属于八大公共服务设施之一，公平均等性研究在指标层面可暂不考虑市场的调节作用。因此证明在社区生活圈中，人群需求、社区商业与交通条件共同作用的耦合协调关系是成立的[51]。

3. 社区生活圈政策规范指引

我国传统住区规划过去以"自上而下"的资源分配为主，侧重于控制土地开发、落实资源配置指标，如设定开发强度指标，按照人口规模配备绿地、基础设施等。这一规划方法适合于人口分布均等、设施供给单一的住区，其资源配置能满足大多数人群的需求，却不能满足多样化的需求。这体现了对人口结构和行为模式的忽视，从而形成了低质量、不活跃的居住区，无法满足以人为本的社区治理新要求[49]。

随着城市的动态发展，社区的异质性日渐明显，不同类型的社区、不同年龄群体的活动特征也各不相同。因此，诸如商业设施等各类公共服务设施的选址应注重为居民提供差别化服务。从供给方面看，不同层次的公共服务设施规划和布局往往是按照千人指标要求配置。以本书研究的社区商业设施为例，在市场机制的影响下，盈利性商业设施倾向于聚集式发展，以获得更高的利润。这会导致聚集区的商业设施供过于求，边缘居住区的居民设施可达性差的现象，从而造成居民的需求与供给之间的矛盾。因此，有必要打破居住区僵化的建设方式，注重居住小区类型差异，参照供需匹配关系，合理配置引导和管理商业设施布局，实现空间公平。

《城市居住区规划设计标准》GB 50180—2018（后文简称《标准》）的实施，要求城市规划思想从以居住、生活为主的封闭式生活配套模式，逐步转变为居民提供高品质的需求服务。因此，本书在不同圈层尺度上开展社区生活圈商业设施的耦合协调研究。《标准》明确了5分钟生活圈、10分钟生活圈和15分钟生活圈的管理规模，以及应建设的公共服务设施和便民服务设施类型。不同层次的设施之间并没有相互依存的关系，也就是上层生活圈的配套设施不能覆盖下层生活圈。因技术难题，本书针对多尺度生活圈的供给水平研究暂忽略这一条件，将标准中的所有商业和便民设施定义为包含关系，即通过一步测算得到10分钟生活圈范围内所有商业设施的供给水平，而不是将5分钟生活圈与10分钟生活圈分开，逐一测算。

与此同时，社区生活圈的规划是鼓励将配套设施联合、功能复合，从而实现共享资源，而不再单独强调土地的指标管控。这一转变需将思路逐步从传统封闭的生活配套转换为可提升、可持续的高水平社区供给。因此，本书的研究重点是在考虑人口需求和交通纽带影响下，以三级生活圈尺度探讨商业设施供需之间的耦合协调程度。

2.2.2 社区商业设施

1. 社区商业业态配置

《城市居住区规划设计标准》GB 50180—2018对居住小区的配套建设作出了明确的规定，并且将各种配套设施按照一定的尺度分为几个类别，15分钟生活圈与10分钟生活圈与商业服务设施相对应，5分钟生活圈匹配的是社区服务设施和便民服务设施。《社区商业设施设置与功能要求》GB/T 37915—2019确定了设施业态分类的标准，相对于《标准》，它侧重于各种社区服务设施中商业设施的业态配置内容和各类型设施所发挥的功能。

商务部办公厅等多个部门联合印发了《城市一小时便利生活圈建设指南》（后文简称《指南》）。其中提出，到2025年实现"百城千圈"，形成布局合理、服务优质、业态丰富、商住和谐、功能齐全、规范有序、智能便捷的城市便民生活圈。标准化、便利化、品质化、智慧化水平全面升级，它不仅为基本民生提供了一个良好的环境，还推动了消费升级，同时在打开城市经济微循环方面具有很重要的作用，并将商业设施划分为基础保障型商业和品质提升型商业，具体包括以下内容：

基本保障型商业：是满足居民一日三餐、生活用品和家庭服务等基本消费需求的商业，包括便利店、摄影冲印店、理发店、菜市场、维修点、生鲜超市（蔬菜店）、早餐店、家政服务点、药店、干洗店、邮政综合服务点（收发快递点）、超市、再生资源回收点等。

品质提升型商业：是可以让居民在休闲、购物、健康、社交、娱乐等方面产生个性化、特色化的高层次消费需求的商业，主要包含养老服务机构、餐厅、蛋糕店、书店、旅游服务点、养生保健店、运动场所、幼儿看护点、培训教育点、茶艺咖啡厅、鲜花礼品店、健康保健店还有动物服务站。

按照上述《指南》中居住区社区商业及其配套设施的分类标准，将《社区商业设施设置与功能要求》与《城市居住区规划设计标准》相比较结合，总结出5分钟、10分钟和15分钟生活圈基本保障类和品质提升类社区商业的业态分类。因为在用地类型中，5分钟生活圈内商业设施在用地上归为R类社区服务设施，而10分钟和15分生活圈内商业设施在用地上归为B类商业服务业设施,所以5分钟生活圈的商业设施业态应与10分钟和15分钟生活圈分开讨论,部分10分钟和15分钟的生活圈业态可以合并研究。表2-2将为后续的社区商业设施供给水平评价奠定研究基础。

不同尺度生活圈的POI点分类　　　　　　　　　　　　表2-2

大类	生活圈范围	中类
餐饮服务	5分钟生活圈	糕饼店（800）、咖啡厅（1188）、快餐厅（3599）、冷饮店（946）、甜品店（219）
	10分钟生活圈 15分钟生活圈	餐饮相关场所（5191）、外国餐厅（1570）、休闲餐饮场所（39）、中餐厅（13222）
购物服务	5分钟生活圈	便民商店/便利店（3261）
	10分钟生活圈	超级市场（1302）、购物相关场所（4889）、综合市场（2194）
	15分钟生活圈	服装鞋帽皮具店（5109）、个人用品/化妆品店（486）、花鸟鱼虫市场（1004）、家电电子卖场（2009）、家居建材市场（7663）、商场（432）、特色商业街（107）、特殊买卖场所（118）、体育用品店（627）、文化用品店（221）、专卖店（10921）
金融保险服务	5分钟生活圈	—
	10分钟生活圈 15分钟生活圈	保险公司（152）、金融保险服务机构（1202）、银行（901）、银行相关（22）、证券公司（211）、自动提款机（874）
科教文化服务	5分钟生活圈	—
	10分钟生活圈 15分钟生活圈	科教文化场所（3276）、培训机构（5040）、文化宫（70）
生活服务	5分钟生活圈	美容美发店（7549）、摄影冲印店（1644）、物流速递（1516）、洗衣店（729）
	10分钟生活圈	电力营业厅（11）、电讯营业厅（327）、维修站点（861）、生活服务场所（8372）、共享设备（8204）、婴儿服务场所（54）
	15分钟生活圈	邮局（232）、中介机构（2090）、自来水营业厅（7）、洗浴推拿场所（1968）
体育休闲服务	5分钟生活圈	—
	10分钟生活圈 15分钟生活圈	体育休闲服务场所（1170）、休闲场所（506）、娱乐场所（1998）、运动场馆（2849）
医疗保健服务	5分钟生活圈	医疗保健服务场所（1426）、医疗保健销售店（1437）、诊所（657）、综合医院（518）
	10分钟生活圈 15分钟生活圈	动物医疗场所（245）、疾病预防机构（37）、专科医院（1286）、急救中心（46）

（资料来源：作者根据资料整理绘制）

2. 社区商业发展综述

国外对社区商业的研究起步较早，早在19世纪初就提出了关于社区商业的概念[50]。国外学者普遍的观点是，社区商业的实施需要整合政府、企业和社会组织等各方的力量，在供给协调上可采用行政、社会和经济机制共同发挥作用。费理斯等学者建立了一个社区服务的理论框架，重点研究社区商业的特点和经营方式；萨缪尔森等学者认为，公共服务具有与市场经济相悖的公共属性，市场不可能完全有效地调节社会公共服务设施的供给，商业服务设施如果任由市场支配，就会出现效率低下的现象，因此需要政府进行强有力的宏观调控。

社区商业在中国的发展起步较晚，相关研究开展也较晚。在此期间，住建部发布的《城市居住区规划设计标准》GB 50180—2018对国内大型城市的社区商业发展状况进行了阐述，并从规划布局、组织结构、设置方式等方面内容进行梳理。李定真等于2004年发表的《中国社区商业概论》较为全面地整理与论述了中国的社区商业与相关理论，并进行比较，同时运用商业学和经济学的方法，提出了我国社区商业的发展战略，并选择了具有代表性的社区商业运营和组织模式进行详细分析。近年来，我国的相关学者也意识到了社区商业的重要性，并发表了大量研究成果。同时，一些新兴的社区商业中心在广泛投入建设，推动着社区商业相关理论和实践的完善和优化。

3. 商业设施供需

在我国城镇经济高速发展、社会格局持续变迁的背景下，居住空间分异是城镇空间格局演变的一个显著特征。在城市居住空间分异的作用下，不同居民对商业设施的需求和偏好存在较大差异，而以"千人指标"作为城市公共服务业的基本组成准则，忽略了居民的差异性需求，难以适应实际需要。因此为保证商业服务设施资源分配更加公平，应当立足于"以人为本"的理念，着眼于保障居民享有公共服务的均等化，特别关照特殊群体公共服务需求。

我国对城市公共服务设施供给的研究始于20世纪90年代，主要聚焦于不同圈层公共服务设施的配套问题上。在市政层面，研究针对城市公共服务设施的空间布局公平性和可达性，包括教育设施和公园绿地空间布局的公平性[52]；在住区层面上，主要研究各类公共服务设施的布局与供给特点，并逐步转向对居民属性特征与实际需求的关注。已有研究主要集中在宏观、中观层面，而对微观层面关注较少，居住小区所处生活圈内商业设施供需匹配的研究较为匮乏。

当前，针对商业设施等公共服务设施的研究以定性研究为主，但是随着互联网技术的发展以及GIS的应用，越来越多的学者开始将传统的定性研究转变为使用大数据定量的研究。服务设施研究转向数据化和多元化，特别是供需匹配这一议题。常飞等[53]在电子地图API的支持下，构建了5分钟、10分钟和15分钟三个层级的社区生活圈，模拟了高分辨率、高精度的人口分布图，详细评估了兰州市区的公共服务设施与人口的匹配关系；赵鹏军[54]运用手机信令数据和POI大数据，研究北京居民生活圈和服务设施可达性之间的空间匹配关系及地理分化特征。

2.2.3 耦合协调发展

1. 耦合协调与均等化

国外学者普遍针对公共设施整体进行均等化水平的研究，主要研究方法是构建评价指标体系或综合指标。Ko-WanTsou等基于可达性理论构建一个综合平衡指标以评估设施配置的均衡状况；在国内，有关均等化的研究处于起步阶段，相关的理论与实践还不够完善。作为重要的规划空间单元，社区生活圈规划目标和理念的出现引起了国内规划界的广泛讨论，以社区生活圈为核心的公共服务设施配置体系的构建是目前的热门研究话题。为合理分配公服设施以解决我国公共服务设施供需矛盾，国家和地方相继出台建设社区生活圈的方案，提高设施配置的均等化水平。公共服务设施涉及教育、医疗卫生、文化体育、商业服务、金融邮电、社区服务、行政管理等多个方面，每一种类型都有不同的切入点和研究视角，针对教育公平、医疗卫生公平的研究已有很多，而商业服务因其数量庞大，影响因素较多，从空间公平和均等化视角展开的商业设施研究在国内暂时空白，但是商业服务是最容易产生供需不匹配的一类公共服务设施，也是每个市民不可或缺的一项公共服务。因此，本研究立足于已有的公共服务设施均等化研究基础，选取商业设施作为本书的研究主体。

耦合协调发展理论一般用于评价社会公平绩效，现有的社会公平绩效评估体系主要集中在城市绿地、教育资源、公共服务设施和交通四个方面，通过比较不同住房类型居民在空间属性上的社会资源配置差异进行研究。城市绿地是人们健康生活的重要组成部分，余思奇等[55]运用网络分析方法评价南京市中心10分钟步行生活圈内不同居住属性小区对公园绿地可达性的影响；何格等[56]对公园可达性和社会经济属性之间关系进行研究，以广州为研究对象，得出不同社会群体之间的空间关联格局；王敏等[57]对城市公园绿地空间供需关系进行分析，构建了六个指标评价上海徐汇区绿地供应的公平性；尹上岗等[58]利用地理加权回归模型和住房特征价格模型，通过实证分析，探讨了南京市区内城市居民住房价格与教育资源的空间异质性；全恒等[59]运用OD测距方法，评估成都市武侯区15分钟步行范围内不同类型居住小区获得公共服务的差异性；唐子来等[60]在社会公正理论基础上，提出了用份额指数法对社会公平绩效进行评价，对上海的轨道交通配置公平性进行研究；席东其等[61]利用泰尔指标对昆山市各道路的可达性进行测算，并以此评估交通出行的公平性；朱乐等[62]针对保障房布局缺乏公平衡量体系问题，基于现有规划体系，构建社会公平绩效评估体系，具体分为三个阶段：建立多元数据平台、计算公共服务设施可达性、测算社会公平和空间公平，并通过在南京的实证研究详细介绍了每个阶段的技术方法；王兰等[63]定量评估了上海中心城区社区层面体育设施分布的公平绩效，采用基尼系数从空间可达性和供应量两个方面评估了体育资源分布的公平性。

当前研究方向主要分为两个：一是对空间均等化的探讨。空间均等化是通过地理信息系统中的空间分析功能，对城市公共服务设施的空间可达性进行定量研究，可以测度城市居民在特定类型的公共服务上的均等化水平，另外是关于可达性的研究，详见对社区生活圈可达性研究；二是对非空间均等化的研究，仅根据空间可达性来评估公共服务设施的均等化是狭隘的，还必须考虑到社会的人口、经济属性和设施本身的特性。为此，一些学者后来提倡非空间均等化，更多地是基于人口和经济属性的综合考虑，研究空间分布的公平性和供需是否平衡的问题。罗蕾等[64]建立了医疗服务水平的综合评价指标体系，用熵值法综合评价了仙桃市各乡镇的医疗服务水平，结合偏差值法分析了仙桃市区域间均等化水平的差异，最后应用耦合协同发展理论，对医疗设施供需进行全面研究并得出非均等化地区；王飘等[65]分析了当前重庆主城区历史文化街区旅游发展存在的问题，用统计学方法构建了耦合协调评价指标体系，并进一步对历史街区的文化保护程度和城市旅游发展进行定量评价；兰心喆等[66]着眼于线上商业，基于外卖POI数据和市场数据对武汉武昌区外卖餐饮的空间分布特征与商业特征进行耦合研究，并与传统线下商业空间进行对比分析其异同；王芳等[67]从POI数据中提取研究区零售商业信息，采用点模式分析和耦合度模型，探讨了北京不同业态商业空间格局的空间模式，以及商业空间与人口在居住小区尺度的耦合情况。

本研究在一定程度上延续并深化了王芳学者的研究，针对研究区内所有居住小区所处的三级生活圈，在构建指标时考量了交通的影响效应，同时从需求侧统计了人口规模和购买力等因素，在点模式分析的基础上，针对每个居住小区的"点"丰富表征"量"的指标。具体来说，王芳学者将每个居住小区简化为POI点，研究的是居住小区和零售商业网点在空间上的耦合情况。本研究首先丰富居住小区所表征的人群需求指标，扩充了人口规模、人口密度和购买力等次级指标，同时将研究尺度限定为居住小区所处三级生活圈，增强社区商业供给与属地人群需求的关联性，并在供需两者基础上，引入了交通路网的影响作用，将模型由"商业—人群"关系转化为"商业—人群—交通"三者之间的耦合协调关系。

2. 耦合协调理论的应用

耦合协调机制是现代社会中不可或缺的一种机制，只有通过各个领域之间的协调和合作，才能实现整体的稳定和发展。张文鹏等[68]构建耦合度模型，量化探讨居住小区尺度的商业空间分布与人口的耦合关系；周妍等[69]基于百度POI城市不同业态商业设施的分类及分布数据，从而研究商业业态和轨道交通站点在空间上的耦合程度；凌昌隆[70]基于sDNA模型，从交通维度分析街道中心性与生活性服务业设施集聚存在的耦合关系；王彦彭等[71]对于商业集聚和城镇化之间关系展开理论分析，然后构建耦合模型并利用中原城市群河南省域17个省辖市数据展开实证研究；张廷海等[72]在分析商业集聚与城市化理论的基础上，探索商业集聚与城市化的耦合机制；杨乘浩等[73]提出一个包含设施分布与人口演化相耦合的模型，通过对模型的仿真得到了理想状态下的人口与设施的分布情况；隆菁等[75]以青岛市城阳区为例应用GIS平台建立商圈模型，从人口和交通两个方面对批发零售业态的商业网点布局进行分析；侯厦飞[74]等从社区商业与居民需求、政府政策、周边业态的耦合关系出发开展研究，探索基于多方需求基础的商业转型发展模式。以上学者从各个视角将商业与城镇化、人口、交通等经济社会因素进行耦合研究。在现代社会中，经济、政治、文化等各个领域的发展都需要耦合协调机制的支持。

3. 配套设施公平效率

公共服务设施的布局公平性问题是指在弱势人群需求得到充分满足的前提下，可以让各个阶层的人都可以公平地获取到社会服务，从而降低因为阶级分异而造成的设施供应不均衡。目前，国内有很多将"生活圈"理论与配套设施布局相结合的研究，主要是结合POI数据计算配套设施布局的密度和覆盖率或建立层次分析法对各类设施的质量、规模、距离等因素进行评分，并提出相应的规划和建设策略[76]。

20世纪90年代以来，随着人们生活水平的提高和公共服务理念的深化，公共服务设施的空间分布开始关注社会群体需求的差异导致的设施供给的公平性和差异性问题，从"空间的绝对公正"到"社会的相对公平"。代表性的研究有Bigman等将公共设施与设施使用者之间的空间相关性纳入设施布局的影响因素，并从设施使用者的需求选择角度研究了设施的空间布局；米切尔·兰福德（Mitchel Langford）运用两步移动搜寻方法分析了英国卡迪夫地区人口分布对城市公共设施布局的影响，得出了城市空间的优化配置策略[77]；李亚洲等[78]分析了公共设施的空间布局，针对不同收入群体的消费需求差异，研究了公共设施空间布局的公平和效率；科万苏（Ko-Wan Tsou）分析了不同收入群体的消费差异，兼顾公共设施的公平效率，论证政府政策和规划的合理性；里奥（Liao Chian-Hsien）运用GIS、空间句法和地理位置模型，研究了不同服务区的设施优化布局办法[79]。

在国内关于配套设施公平效率的研究中，萧敬豪等[80]以POI数据为基础，结合对居住区的实地调查数据，测算出社区生活圈的覆盖范围及其实际服务半径，并将其作为评估社区生活圈当前服务水平的指标；熊薇等[81]利用层次分析法对各种配套设施进行了加权分析，以南京市20个住区为样本，对其设施完备性进行评分；赵彦云等[82]利用POI数据从空间上测度了北京"15分钟生活圈"覆盖范围达标率和覆盖率以及与人口的协调关系；卢银桃等[83]提出了以供需关系为主线，以圆形邻近分配为基础的15分钟公共服务设施服务水平评价方法；肖凤玲等[84]根据我国"15分钟生活圈"的构建需求，利用高德地图POI，采用核密度分析、缓冲区分析和栅格分析等技术，判断乌鲁木齐市城市公共服务设施时空分布特点，对居住小区和各种基础设施的空间匹配情况进行测算；张夏坤等[85]基于高德地图数据，运用核密度、Ripley's K、Z-Score等方法，分析了天津市中心城区公共服务设施在生活圈层级的空间差异。

国内外对配套设施布局公平性的研究主要有两个方面：一是对社区公共设施非均衡分布的影响要素与成因进行探讨；二是用定量、定性或两者相结合的方式对社区公共设施的布局公平性进行评估和规划。通常包括对资源可用程度的可达性评估和对人口资源匹配程度的社会公平性评估，运用GIS平台的可达性和社会公平绩效分析对现有设施布局情况进行量化[86]，可以准确地发现公共服务的不足、设施的低效利用和分布不均的地区，并提出完善设施和布局建议，常用的方法包括修正潜势模型、两步移动搜索法、引力模型、洛伦兹曲线、邻近距离法、区位熵和基尼系数等。目前，将可达性与社会公平性相结合的定量分析成果主要集中在基础设施建设、公园绿地建设、医疗卫生设施分布等方面。将城市生活圈规划与人口经济特征相结合，可以有效从非空间因素对社区商业设施空间布局平衡的方面进行探究。但是鲜有将公共设施中的商业设施单独开展有关空间公平的系统性研究。

研究商业设施的空间公平和布局优化可以从三个角度展开：第一，对供给模式的研究，通过研究商业设施需求与供给之间的矛盾，可以得出更加公平合理的空间布局；第二，对其影响因素分析，在提取影响因素的基础上，建立科学的单因子或多因子指标体系，通过得分情况提出优化策略，以提升社区商业整体的公平性与效率；第三，对城市建设项目的选址问题进行探讨，在区域特点、设施可达性以及城市发展水平等诸多因素的作用下，采用多种设施最优布局的分析技术，选择适宜的选址位置。本研究旨在将三者融合，选取影响因素运用耦合协调模型评价供需关系，分析区域特点和设施可达性及未来区域商业发展方向。

2.3　社区商业的优化难题与解决路径

　　本书首先在对社区商业、社区生活圈与社区商业布局概念进行界定的基础上，提出了"社区生活圈商业设施供给水平"的定义。然后对有关基础理论进行研究，如"可达性理论""邻里单元理论""供需理论""耦合协调发展理论"等，这些理论是研究社区商业供需匹配的重要参考。最后梳理国内外社区生活圈、社区商业和耦合协调发展的研究现状，阐明了基于耦合理论下的社区生活圈 商业设施供给水平研究的必要性和可行性。总的来说，国内外对社区生活圈和社区商业的研究较为全面，但是对社区商业定量化的研究多停留在社区商业空间布局层面，缺乏非空间均等化的探讨。

　　在信息化时代，社区生活圈配套设施的科学优化布局需要以准确、翔实的城市空间场景数据为支持，以便对优化目标的相关指标及数据做进一步整合和量化计算。结合当前的技术手段进行综合分析，目前国外研究方法较为多样化，强调结合问卷调查、社会学分析以及GIS空间分析进行综合研究[87]；而国内的研究限于物质空间的可达性定量分析，对于基于当地人口条件延展出的商业设施布局优化研究较少，多是运用GIS平台整合城市建成环境、公共服务设施、土地利用等多源数据，建立定量分析指标体系。研究从"供需关系"出发，将空间因素和非空间因素运用耦合协调模型进行合并讨论。

1. 从小区尺度展开对社区生活圈商业设施供给水平耦合协调程度评价

　　虽然已有基于POI数据的"生活圈"研究，但其分析范围仍较为宽泛，主要集中在乡镇街道层面，尚未深入到单个居住小区的微观尺度上。在城市生活中，居住小区是最贴近居民日常生活的社会治理单元，因此，从居住小区层面探究其周边社区生活圈的研究结果将更加接近实际情况，有更多的实践指导意义。本研究提出以居住小区为中心向四周绘制5分钟、10分钟和15分钟生活圈，来研究不同圈层尺度下商业设施的耦合协调程度，以更微观的视角对"生活圈"进行研究和分析。这不仅仅是对"生活圈"定量研究的有益补充，也为促进社区商业均等化提供了研究思路，可以作为优化空间投资和公共资源配置的决策参考[88]。

2. 基于多源数据对商业设施布局优化的研究较少

　　商业设施的空间划分和配置以居民自小区向四周步行5分钟、10分钟和15分钟的等时圈范围为研究样本，更强调在地商业设施的公平配置。传统的以千人指数为依据的设施配置方法，在一定程度上可以实现社会公平的目标，但是缺乏对人群需求、商业资源配置和交通纽带之间"空间匹配"的考虑。因此，作为实现商业设施公平分配的前提条件，不仅要实现设施供给与人口需求的匹配，实现人口数量与商业数量的平衡，还要实现人口分布与社区商业的空间匹配[89]。本书基于社区生活圈的圈层理论，依据耦合协调模型的适用性和优缺点，改进并优化当前耦合协调模型，建立"商业—人群—交通"三者的耦合协调模型，定量评价社区商业供给与人口需求和交通纽带的耦合协调关系，探索空间分异特征，基于不同社区生活圈尺度，提出社区生活圈商业设施优化建议。

2.4 本章小结

本章简述了相关理论基础和国内外研究概况，评述已有研究并找到切入点，将可达性理论和邻里单元理论用于构建社区生活圈。从关于社区生活圈可达性已有研究中，主要探究三个问题，一是社区生活圈的界定，二是用可达性的相关模型构建生活圈并厘清可达性模型的适用领域，三是根据当前社区生活圈的政策规范指引，通过总结归纳可达性相关研究来确定本文的研究尺度，以居住小区质心为原点，其5分钟、10分钟和15分钟所处社区生活圈为研究单元。本书研究的主体为社区商业，通过对业态配置、现今发展以及供需匹配相关方面的论述，确定了商业设施分为餐饮服务、购物服务、金融保险服务、科教文化服务、生活服务、体育休闲服务和医疗保健服务七大类。社区商业现今发展需要政府进行强有力的宏观调控，因此有必要从供需角度来评价社区商业的供给水平，而供需研究涉及空间公平，通过对耦合协调发展理论和相关文献的综述，论证了在研究公共服务设施的供需关系时可以应用耦合协调发展模型，且该模型能够研究两者或两者以上要素之间的耦合协调关系。

第3章

社区生活圈商业设施供给水平耦合协调模型构建

3.1 已有的生活圈划定方法

在城市规划方向，随着科学技术的发展和相关软件的研发、应用，对于某个地区的供需匹配评价不再局限于数量的多寡，而转向利用空间地理分析软件来研究其地理位置不同所带来的空间分异情况。提取研究区域内地理数据，例如人口数量、占地面积、POI分布情况等数据，汇总成区域内独立的数据集，代入到构建的评价模型中进行量化分析。目前，可达性的研究方法很多，如缓冲区分析法、两步移动搜寻法、网络分析法、API构建等时圈法等都可以用来划定等时圈。本书所研究的社区生活圈，其定义为居民从居住小区质心步行5分钟、10分钟和15分钟可达的等时圈范围，本研究借用百度API端口构建等时圈，使结果更加真实精确。本节将介绍四种划定方法。

3.1.1 缓冲区分析法

缓冲区分析法为从某一点向外辐射相等距离，计算并统计所辐射范围内的数据。以本书所研究的社区商业设施供给水平为例，将社区自身设为原点，计算其一定半径距离内社区商业的数量、类型及面积；或是以同一类型商业设施为原点，计算其一定半径距离内所服务到的社区数量及占比。此方法利用ArcGIS软件内地理处理中的缓冲区功能便可实现缓冲圈的绘制。但此方法只是简单地向外做圆，未考虑路网性质、路网长度、路网密度等实际因素，评价结果和实际情况差距较大。

3.1.2 两步移动搜寻法

两步移动搜寻法广泛应用于公共服务设施空间研究。操作步骤为将研究社区与商业设施分为需求点与供给点，分别求得供给点的供需比，再以每个需求点为中心搜索距离阈值范围内的供给点情况，结合供需比求得供给可达性。该方法不仅充分考虑了研究区内双方的供需关系，还能反映出具体的空间分布差异，且操作简单易于实现。不利之处在于，在应用之前需要人为地设定一个固定的距离阈值，并且默认情况下，只有在这个阈值范围内才是可达的，而在边界之外的区域被认为是不可达的[90]。此外，该方法没有考虑到实际的道路信息，通达时间难以把握。

3.1.3 网络分析法

网络分析法目前广泛应用于城市规划专业，该方法是基于运筹学、图论等理论，对当前城市道路交通网进行模型化与地理化的精细处理，利用完善的地理信息系统技术建构网络模型，从而将点与点之间的具体通达情况模拟实际情况，完成空间数据的网络分析。可通过ArcGIS中的Network Analyst（网络分析）模块实现。其原理是以各等级道路构成的城市道路网络模型为基底，根据各不同等级的城市道路属性，如距离、速度、更新迭代等，约定不同的限制条件，用以分析点与点间的实际到达距离与通达耗时，便于研究本课题中社区周边的社区商业空间分布和服务情况。网络分析法在空间可达性方面也具有较大的优势，可以直观地将研究区域在该地区的可达性情况真实、具体地呈现在地图中，在下文3.4.6节提到的路网可达性便采用此方法。

目前，网络分析法在国外应用较为广泛，国内各专业各领域的使用频次逐渐增大，但此方法主要依托城市道路网信息，对于数据的准确性有较高要求。而目前国内的道路网数据来源较少，大多来源于各大地图软件的数据接口，在抓取实时准确的数据时权限较难获取、数据量也被严格限制。一旦解决这一难题，城市道路交通的详细数据以及研究社区的商业分布情况将会较为容易地被展现出来。此外，在具备了较高精度数据的同时，还需要大量的外业调查因素数据来补充。

3.1.4　API 构建等时圈法

在网络分析法的基础上，API构建等时圈法是将准确的地理数据通过调用网络数据接口的方式实现等时圈的准确绘制。当前我国城市交通类大数据应用场景较少，应用手段单一，无法发挥其应用潜力，这是城市公共交通大数据应用的薄弱环节，严重影响了城市公共交通大数据的发展。目前，部分网站根据出行导航服务的数据提供等时圈绘制功能，用户点击交互即可得到5～60分钟内的出行等时圈，并输出向量数据[91]。

目前，百度、高德、腾讯等互联网数据公司为用户提供出行导航服务，其用户数量庞大，位置信息准确，这些数据可以更好地反映出研究区域的交通状况，并为研究者提供数据接口，使用JavaScript和Python编写的程序调用数据界面即可获取数据。为了绘制更加精准且切合实际的生活圈，本书将采用API应用程序网络接口的方法，再结合数据爬取程序，大量获取从居住小区质心向外步行5分钟、10分钟和15分钟分别到达的终点数据，将多个终点数据信息导入ArcGIS连接绘制成等时圈，用于本书的等时圈构建。

3.2 模型构建思路

本研究以居住小区为中心，居民沿小区周边道路步行5分钟、10分钟和15分钟范围所得到的等时圈，将等时圈定义为每个居住小区周边的5分钟、10分钟和15分钟生活圈范围。研究旨在引导社区商业消费空间均衡发展、重心下移，全面提升基层商业的普及性、便利性及品质，构造邻里间特色的商业交互空间，从多个圈层尺度探究研究区内社区便民生活圈覆盖情况，致力为政策落实提出可行策略，将社区便民生活圈规划为保障"七有""五性"的品质社区交往会客厅。

人口数据作为需求侧最重要的数据，它从人们日常生活中的消费反馈便可直接映射周边商业布局合理性。从第2章的分析可知，城市中的社区商业设施水平对于社会发展起着不可或缺的作用，在住区范畴下，它是最直观的经济流通载体，同时也是周边居民产生邻里沟通的重要联系空间，兼具经济属性和社会属性。因此，合理的住区商业建设，可以促进居民日常消费，推动经济发展，提高生活品质。此外，通过社区商业保持人们的日常生活联系，改善住区各种便民利民能力，使之成为增进邻里感情的一个重要的空间载体。

在对社区商业设施供给水平评价时，不能仅仅依托于需求侧和供给侧的两端平衡，交通路网作为联系纽带也深刻影响着步行范围内的社区商业，需要统筹衡量三者对社区商业供给水平的影响。因此，本研究拟构建社区生活圈尺度下的商业设施供给水平耦合协调模型。构建评价模型主要分为三个步骤：第一步是提出商业供给拉力、人群需求推力和交通纽带效力的3大评估指标层，将指标层定义为一级指标（图3-1）。其中，商业供给拉力指标层包含了商业业态、商业密度和商业服务水平3个二级指标；人群需求推力指标层包含人口数量、消费能力2个二级指标；交通纽带效力指标层则包含交通网络、交通设施、静态交通、交通联络能力4个二级指标。为了便于指标的可视化统计，又将9个二级指标详细扩展为13个三级指标，见3.4节指标的选取。第二步是指标权重的确定，由于本文将人群需求推力、商业供给拉力和交通纽带效力3个一级指标用于耦合协调分析，因此其权重应一致，权重均设为1。二级与三级指标利用层次分析法来确定指标权重。第三步是将三级指标的得分结果进行标准化处理并加权，将对应的一级指标进行耦合协调分析，并据此归纳耦合特征，划分耦合类型。从耦合协调程度、供需匹配关系、交通作用类型三个维度划分耦合类型，各维度对应的类型分别是失调发展型、勉强协调发展型、一般协调发展型、良好协调发展型、优秀协调发展型；供大于需型、供需平衡型和需大于供型；交通超前型、交通同步型和交通滞后型。

第3章 社区生活圈商业设施供给水平耦合协调模型构建

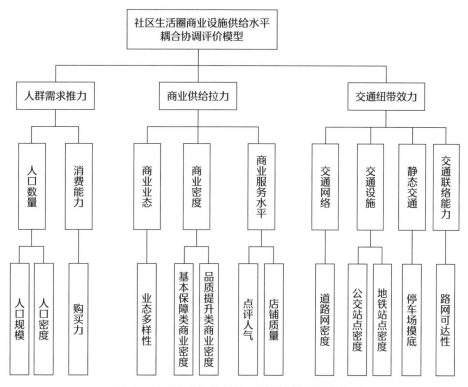

图3-1 社区商业设施供给水平耦合协调评价体系

3.3 研究范围划定

目前，对5分钟、10分钟、15分钟生活圈的划分，并未明确其"原点"的确切位置，导致所划分的生活圈范围其实是一种含糊或人工划分的状况。居民在日常活动时主要依赖于居住小区方位，它即是日常活动的出发点，也是结束点。把居住小区看作是一个核心，对其周边进行布局，这样可以让居民大部分日常需求得以满足，这一思路与划定一个"社区生活圈"目标相一致。

以5分钟、10分钟、15分钟生活圈为研究尺度，绘制以居住小区质心为原点的三个尺度等时圈。本研究选用上节介绍的百度地图API构建等时圈法，其方法是基于百度地图应用API接口的路径规划数据和ArcGIS进行数据汇总表达构建等时圈。首先，在绘制生活圈的过程中，利用ArcGIS建立矢量地理信息模型，该模型包含出行点位置、矢量地图以及地区渔网点集，进而将抽象的可达性具体化、模型化和矢量化；其次，利用Python编译接口程序，通过URL地址与参数的调整，生成不同行驶规则下步行实时出行时空属性数据；再次，运用插值的方法，用Python对百度地图API数据接口进行调用,获取满足精度要求的从起点到周边各终点的出行时长,以此重建点集数据;最后,将点集数据加载到ArcGIS中,进行插值计算获得反映区域出行时间消耗特征的连续曲面,生成5分钟、10分钟和15分钟等时圈。

用百度API划定研究区域内所有居住小区的5分钟、10分钟和15分钟生活圈后,为了使研究对象更加聚焦,需进行合理化筛选。首先,需要将生活圈覆盖范围落在研究区以外的居住小区剔除,因为数据量巨大,如果范围超出研究区的区划边界,那么人口、商业以及道路数据需要以整个城市为范围进行爬取,才能使超出研究区范围的生活圈有准确的数据来源,因工作量过大,本次研究不考虑生活圈范围超出区划边界的居住小区。其次,针对5分钟生活圈的研究,遵照《居住区规划设计标准》的限定(表3-1),因5分钟生活圈只研究社区服务设施和便民服务设施,如果居住小区在5分钟生活圈内有商业综合体的存在,那各项商业指标都会远高于其他小区,与《标准》中针对5分钟生活圈所提及的商业类型不符,因此需要剔除5分钟生活圈中覆盖了商业综合体的居住小区。

生活圈尺度下的社区商业设施指标(m^2/千人)　　表3-1

类别	15分钟生活圈居住区		10分钟生活圈居住区		5分钟生活圈居住区		居住街坊	
	用地面积	建筑面积	用地面积	建筑面积	用地面积	建筑面积	用地面积	建筑面积
总指标	1600~2910	1450~1830	1980~2660	1050~1270				
商业服务业设施 B类	350~550	320~450	20~240	320~460				
社区服务设施 R12、R22、R32					1710~2210	1070~1820		
便民服务设施 R11、R21、R31							50~80	80~90

(资料来源:根据《城市居住区规划设计标准》GB 50180—2018绘制)

本研究聚焦于5分钟、10分钟和15分钟生活圈内的社区商业设施,对于生活圈范围外的社区商业不纳入研究范围,也暂不考虑其对生活圈内社区商业的影响。因为三级生活圈是以人的活动需求为核心,针对居民各项日常生活需要建立的步行5分钟、10分钟和15分钟活动半径的圆,而社区商业的发展涉及商圈、交通、人流等多项经济社区因素,并不是纯粹以居住小区为核心发展起来的,因此为加深"商业—人群—交通"三者的耦合关系,仅考虑社区生活圈所覆盖到的社区商业,包括餐饮、购物、金融保险、科教文化、生活、体育休闲和医疗保健7大类居民日常所需的商业服务。

3.4 评价指标筛选

3.4.1 选取原则

1．科学性原则

社区商业评价指标的概念要清晰明确，各下级指标的构建要准确地反映上级指标的属性，尽量降低定义不清的指标使用，实现各级指标的科学性。

2．综合性原则

社区商业紧紧围绕居民日常生活，其合理、有效、综合地规划布置十分重要。各项指标相互联系与补充，能够较全面系统地反映不同尺度下的生活圈社区商业全貌。应从多层面、多视角对社区商业的供给水平进行综合评价。

3．核心性原则

单指标或多指标的组合要能体现社区生活圈商业设施的核心特点，即评价指标可以代表不同尺度下生活圈内社区商业的核心特征。从有关社区商业的标准来看，其核心关注点主要体现在多样的类型、广泛的分布、优良的品质，而作为联系商业和人群之间的交通因素也应当被重视，此外各类商业设施的便利性也是重要的评价依据。

4．真实敏感性原则

指标体系要能够真实反映研究区的实际情况，并能敏感反映研究区域社区商业情况与人口特征的供需匹配情况。

5．合理可量化性原则

设置社区生活圈商业设施供给水平评价指标既要兼顾"数量"，也要兼顾"表达方式的合理性"。指标表达在进行定义和描述时应清晰，易于理解；指标数量在设置时应尽量精而准，避免指标的重复冗余；指标的表达应可量化，可衡量。

3.4.2 选取依据

国内许多学者从多学科角度出发，在社区商业的生活圈规划、场所设计导引、经济效益趋向、客群需求偏好应对及社区商业的影响因素等方面做出了积极探索。从上一章确定了研究视角为不同圈层尺度下社区生活圈商业设施供给水平耦合协调情况，将相关政策法规、标准规范以及行业书籍进行梳理归纳（表3-2）。

规范标准类评价指标选取依据　　　　　　　　　　　　　　表3-2

名称	实施范围
1. 政策法规、部门规章	
《关于进一步促进社区商业发展的若干措施》	北京
《成都城市社区商业规划导则》	成都
《关于支持发展社区商业的若干政策措施》	成都
《居住配套商业服务设施规划建设使用管理办法（试行）》	北京
《2021年全市社区商业工作计划》	成都
《浙江省未来社区建设试点工作方案》	浙江
《北京城市副中心控制性详细规划》	北京
《雄安新区社区生活圈规划建设指南（2020年）》	河北
2. 规范、标准	
《城市居住区规划设计标准》GB 50180—2018	全国
《社区生活圈规划技术指南》TD/T 1062—2021	全国
《社区商业设施设置与功能要求》GB/T 37915—2019	全国
《社区商业中心建设和经营管理规范》T/CUCO 1—2018	全国
《零售业态分类》GB 18106—2004	全国
《未来社区商业建设及运营规范》DB33/T 2357—2021	浙江
《社区商业设置规范》DB31/T 380—2007	上海
《完整居住社区建设标准（试行）》	全国
《中国社区商业开发规范（试行）》	全国
《北京市社区商业便民综合体规范（试行）》	北京
《北京市连锁便利店行业规范（试行）》	北京
《上海市15分钟社区生活圈规划导则（试行）》	上海
《天津市社区商业配置规范指引（试行）》	天津
《重庆市社区商业建设规范（试行）》	重庆
《江苏省社区商业建设规范（试行）》	江苏
3. 书籍资料类	
《社区商业新零售》	
《城市社区商业体系建设研究与实践——绿城商业的实践探索》	
《老龄化下我国城市社区商业转型研究》	
《中国社区商业概论》	
《社区商业白皮书》	
《中国社区商业规范化发展研究》	

国内普遍从15分钟生活圈视角探究社区商业的配置情况，针对5分钟和10分钟生活圈的研究较少，多数标准会从多个尺度进行评价，例如《天津市社区商业配置规范指引》提出了街道级、居委会级和业委会级三种类型的商业设施配置规范。本书将依照表中梳理的已有研究成果及相关规范确定耦合协调模型的评价指标。

3.4.3 筛选过程

1. 制定调查问卷

根据上述梳理的已有研究成果及相关规范，总结影响社区生活圈商业服务设施供给水平耦合协调程度的影响因子，共确定3个一级指标，12个二级指标，27个三级指标，结果如表3-3所示。综上，初步构建社区生活圈的商业设施供给水平耦合协调模型的影响因素指标体系，并编制了指标初筛表，为下一阶段专家们的评选和判断提供参考。

社区生活圈的社区商业供需匹配影响因子指标初步筛选表　　表3-3

一级指标	二级指标	三级指标
人群需求推力	年龄结构	老年系数
		少儿系数
		抚养比
		老少比
	人口特征	性别比
		文化程度
		职住比
	人口数量	总人口密度
		居住人口密度
商业供给拉力	消费水平	收入水平
		购买力
	商业业态	业态多样性
	商业密度	基本保障类商业密度
		品质提升类商业密度

续表

一级指标	二级指标	三级指标
商业供给拉力	商业服务水平	点评人气中位数
		店铺质量中位数
		店铺档次中位数
	场所特征	商业面积
		容积率
		绿化率
		建设时间
交通纽带效力	交通网络	交通干道路网密度
		生活道路网密度
	交通设施	公交站点密度
		地铁站点密度
	静态交通	停车场密度
	交通可达性	基于OD矩阵的路网可达性

2. 选择指标判定筛选人员

社区商业供需匹配的视角存在多元特殊性，因此在指标筛选人员的选择上不仅需要建筑学、城市规划等专业的专家，还涉及街道工作人员、社区商业店家、居民代表等相关人士。最终筛选出20位相关人员发放"社区生活圈商业设施供给水平评价指标权重问卷调查"。

人工评价指标的筛选过程会因样本量小存在偶然性、不确定性等问题，因此评价指标的筛选与确定必须采取大量、随机、多次的问卷发放模式。本书在问卷采集过程中借助问卷星为主要采集平台，采用微信、邮箱等多种辅助平台，共同完成问卷发放、回收、统计等流程。为得到更加切合实际的指标数据，需根据每次收集回的反馈意见更新指标内容，适当删除或增加评价指标，并在调整后制作新的指标表，进行下一次问卷发放调查，形成多轮次问卷采集模式。

3.4.4 问卷分析

综合两轮调研问卷的统计与反馈，20位不同行业打分人对指标确定的结果基本达成一致，并综合相关专业人员的意见，剔除年龄结构、人口特征、场所特征3个二级指标，以及老年系数、少儿系数、抚养比、老少比、性别比、文化程度、职住比、居住人口密度、收入水平、商业面积、容积率、绿化率、建设时间和交通干道路网密度14个三级指标。剔除原因包括部分指标与社区商业相关性较低、难以界定正负向影响等，所选指标后续需要用大数据方法定量计算，部分指标计算过程中误差较大，具体原因如表3-4所示。两轮筛选最终得到的社区生活圈商业设施供给水平影响因子具有科学性及可操作性，可以进行后续的权重运算，并构建耦合协调模型。

剔除指标及原因汇总表 表3-4

指标层级	指标内容	剔除原因
二级指标	年龄结构	大数据难以统计到社区尺度，精度不够
二级指标	人口特征	大数据难以统计到社区尺度，精度不够
二级指标	场所特征	与社区商业供需匹配相关性较低
三级指标	老年系数	难以界定正负向影响，数据精度不够
三级指标	少儿系数	难以界定正负向影响，数据精度不够
三级指标	抚养比	难以界定正负向影响，数据精度不够
三级指标	老少比	难以界定正负向影响，数据精度不够
三级指标	性别比	难以界定正负向影响，数据精度不够
三级指标	文化程度	难以界定正负向影响，数据精度不够
三级指标	职住比	大数据难以统计到社区尺度，精度不够
三级指标	居住人口密度	以总人口密度代替
三级指标	收入水平	大数据难以统计到社区尺度，精度不够
三级指标	商业面积	大数据难以统计到社区尺度，精度不够
三级指标	容积率	与社区商业供需匹配相关性较低
三级指标	绿化率	与社区商业供需匹配相关性较低
三级指标	建设时间	与社区商业供需匹配相关性较低
三级指标	交通干道路网密度	与社区商业供需匹配相关性较低

在与专家的探讨中，学习到在研究社区生活圈商业设施供需匹配的过程中，也要综合考虑经济、社会和城市三方面要素。本研究所涉及的研究指标具有一定的局限性，社区商业在经济和社会学领域内受到行业宏观形势、行业内竞争环境、行业替代

因素等影响。行业宏观形势主要是指行业面临的政策及国际经济形势，包括汇率影响、关税影响及国际关系影响等；行业内竞争环境主要是同业竞争者之间的市场占有率及竞争激烈程度；行业替代因素是指行业内产品被其他行业外产品替代的可能性，一般被替代的可能性越大，代表行业风险越大。但是由于学科壁垒以及一些指标难以量化，因此社区商业在经济社会学领域的相关指标在本研究中暂不做考虑。

3.4.5 指标体系的确定

有关经济、社会和城市三方面要素某种程度可以通过现有指标指代。经济方面，主要体现在商业业态、商业密度、商业服务水平；社会方面，主要是人与社区商业之间的关系链接，可以概括为人口数量和消费能力；城市方面，主要体现在路网交通的影响，选用道路网络、交通设施、静态交通和交通联络能力进行表征，各级指标的计算方式和指标出处，如表3-5所示。

社区生活圈商业设施供给水平耦合协调评价指标　　　　　表3-5

一级指标	二级指标	三级指标	三级指标解释	指标出处
人群需求	人口数量	人口规模	生活圈内人口总数	《生活圈视角下社区商业设施空间配置评价与优化策略研究》
		人口密度	生活圈内人口与占地面积的比值	《街区型商业网点空间分布及其影响因素研究》
	消费能力	购买力	生活圈内房价平均值	《旧城区社区商业空间布局及演化机理研究》
商业供给拉力	商业业态	业态多样性	香农-威纳指数计算生活圈商业种类多样性	《老城区商业网点空间分布变化及影响因素研究》
	商业密度	基本保障商业密度	生活圈内基本保障商业数量与占地面积比值	《苏州市一刻钟便民生活圈建设标准（试行）》
		品质提升商业密度	生活圈内品质提升商业数量与占地面积比值	《苏州市一刻钟便民生活圈建设标准（试行）》
	商业服务水平	点评人气平均数	生活圈内商业在大众点评的人气评分平均数	《街区型商业网点空间分布及其影响因素研究》
		店铺质量平均数	生活圈内商业的店铺星级评价平均数	《街区型商业网点空间分布及其影响因素研究》
交通纽带效力	交通网络	生活道路网密度	生活圈生活道路网长度与占地面积的比值	《社区商业设施空间步行可达性评价及布局优化——以绍兴市三区为例》

续表

一级指标	二级指标	三级指标	三级指标解释	指标出处
交通纽带效力	交通设施	公交站点密度	生活圈内公交站点数量与占地面积的比值	《旧城区社区商业空间布局及演化机理研究》
		地铁站点密度	生活圈内地铁站点数量与占地面积的比值	《旧城区社区商业空间布局及演化机理研究》
	静态交通	停车场密度	生活圈内停车场数量与占地面积的比值	《居住型轨道交通站点周边商业服务设施配置绩效评价及优化策略研究——以合肥市为例》
	交通联络	路网可达性	生活圈内基于网络分析法的可达性计算	《街区型商业网点空间分布及其影响因素研究》

3.4.6 评价指标解析

所选指标均可以通过大数据的方式获取，且与社区商业存在不同程度的相关性，以下为指标的具体阐述。

1. 人群需求推力因素

人口情况是社区商业建设的重要依据，人口和消费需求之间具有极高的共融性，直接影响着城市的发展规模和生命周期。所以，在制定合理的社区商业布局时，必须解决的一个重要问题是如何正确地把握好社区商业与人群空间布局之间的关系，社区商业更新迭代的趋势要随着居住小区的人口规模、人口密度等人口情况的不同而变化，二者之间存在密切相关性[92]。因此，本研究引入供需理论和耦合协调发展理论，其中将人口因素的影响定义为人群需求推力，并从人口规模、人口密度和购买力三个方面对其进行评定，建立其与社区商业空间特征之间的联系。需要注意的是这三项指标对社区商业发展的影响机理存在着明显的差异，人口规模确定了社区商业发展可以达到的规模，人口密度对社区商业发展的空间格局产生影响，而购买力则是衡量地区生活水平的显著指标。

（1）人口规模

在社区周边，社区商业选址的重要依据是周边有大量对标的客群，商业自身可以最大程度地迎合居民对商品的需要。应尽量倾斜社区商业配置在居住人群密集、居民消费层次高的区域。而对于人群规模小的小型社区，没有较高社区商业需求，只需满足日常必须消费即可，避免商业聚集浪费、社区商业不景气、频繁转让出租等不利于居民消费的恶性循环。因此社区商业的空间布局一定程度取决于人口分布和人口规模，应当纳入参考指标。

（2）人口密度

从社会效益角度分析，商业必须让每一位居民都拥有平等的消费机会；从经济效益的角度来看，社区商业必须为更多的人服务，才能获得更多的经营收益，社会与经济效益的结合，要求将主要的商业设施布局在人口稠密区域。对于社区商业和人口密度分布之间的关系，学者已经进行了大量的研究，总结如下：人口的大量集聚可以产生更多的商业设施；人口密度可以分为总人口密度、居住人口密度和办公人口密度；社区商业布局与人口密度之间的关系符合城市离心式模型（从中心到外围依次递减）；随着城市化进程的加快和城乡一体化的发展，郊区进入了快速发展期，随着城市空间逐步向外围扩展，人口密度分布和社区商业也随之扩张。所以，人口密度情况对社区商业的空间分布特征有很大的影响，它是影响商业设施布局的重要因素。公式如下：

$$P=N/S$$

其中，P表示样本生活圈人口密度，N表示样本生活圈的人口总数，S表示样本生活圈的总占地面积。

（3）购买力

影响商业设施密度大小的因素，既有自然因素，也有经济因素。但是，在各影响因素中，最重要的是经济因素，其他因素只能通过影响经济因素来间接地起到作用，经济的影响作用具有决定性。人既是生产者，也是消费者，如果单纯依据社区人口情况来判断社区商业日后的经营状况，对不同商业业态来讲差别很大。因此，从人群需求侧评价社区商业情况，社区居民的购买力也起到至关重要的作用。

张嘉璈先生的《通胀螺旋》一书中提到房价、购买力和收入之间存在着一定的联系。房价与购买力、消费品价格形成了三角关系，而不是被概括在消费品中。房价同时决定了租金和还贷月供，租金决定了生活成本和商铺、企业的经营成本。一个家庭的按揭供房与自身的收入水平正相关，可以说房价—收入是一个双螺旋结构，在双螺旋下二者是一个相互推动、彼此拉动又相互制约的消费结构，伴随着经济的持续增长，这种拉动一般都是正向的，到达某一增长点会停滞。简而言之，对个人而言，房价与工资收入是同时上涨的。从经济学的角度解释，房价和收入相互拉升后，会一定程度带动购买力，使得收入、购买力和房价三者交织形成三角闭环，相互推动又互相制约。在做社区商业相关研究时，需要假设研究区内居民的消费水平能够从他们的住房房价侧面反映。即特定居住小区内每位居民在社区商业的消费量平均数是相同的，其所住小区房价越高，购买力越强，消费水平越高。

2. 商业供给拉力因素

本研究用业态多样性、商业密度、大众点评星级评价和店铺质量表征商业供给拉力的系统性强弱，以此来反映研究区社区商业的供给水平。研究选取业态多样性、基本保障类商业密度、品质提升类商业密度、点评人气中位数、店铺质量中位数为三级指标，其中基础保障类和品质提升类中涵盖的商业业态需要根据生活圈尺度进行进一步界定。

（1）业态多样性

社区商业业态类型多样性指数是反映商业空间分布的重要指标。本研究在归纳社区商业设施业态多样性特征时引入了香农-维纳多样性指数，这是生物学研究中常用指数，能够很好地呈现出特定生态环境区域内植物群落的多样性。本书将其用于表征各圈层尺度下生活圈内业态的多样性，其中该指数表达了样本生活圈内七大类业态的种类数量及个体分配均匀性，七大类包括生活服务、购物服务、餐饮服务、体育休闲服务、医疗保健服务、科教文化服务、金融保险服务。以下为具体的计算表达式：

$$H = -\sum_{i=1}^{s} p_i \ln p_i$$

在上述公式当中，业态数量用 S 表示，最大值为7；i 表示第 i 类商业，对应该类与整个社区生活圈的商业占比用 $p_i=n_i/N$ 表示，在此项中，N 表示生活圈内所有商业POI数量，n_i 表示第 i 类业态商业数量。H 用以表示目标社区生活圈的多样性指数，其含义为表征该生活圈内商业的分配均匀性与多样性。若各业态分布于整个生活圈内时，则说明此社区生活圈拥有最大的多样性指数；若只有一种或没有业态分布于整个社区生活圈时，那么说明此社区生活圈拥有最小的多样性指数[93]。

（2）商业密度

商业密度是表明商业设施分布密集程度的指标，通常是指商业设施数量与其所服务区域土地面积的比值。不同类型的社区商业有着不同的性质、义务和服务对象，所表示商业密度的指标也有所不同。本研究分别界定5分钟、10分钟和15分钟生活圈为研究区域。

《北京市商业消费空间布局专项规划》（以下简称《专项规划》）是由北京市规划委与北京市商务局联合编制的，《专项规划》明确了基本保障类和品质提升类两类社区商业业态的主要内容和配置引导要求，以确保基本服务不缺项、品质生活有保障。其中基本保障类业态主要包括便利店、菜市场、早餐店、美容美发、药店等14类业态，重点满足居民日常生活的基础性和必要性需求，品质提升类业态主要包括咖啡厅、书店、健身房等12类，重点满足新发展阶段下，居民日益增长的美好生活需要。《专项规划》主要是针对城市15分钟便民生活圈，以步行15分钟左右的空间范围为服务半径。

本研究需要借用《专项规划》的业态分类扩展至三个圈层尺度，对5分钟、10分钟和15分钟生活圈的社区商业进行划分（图3-2），商业密度指社区生活圈内单位面

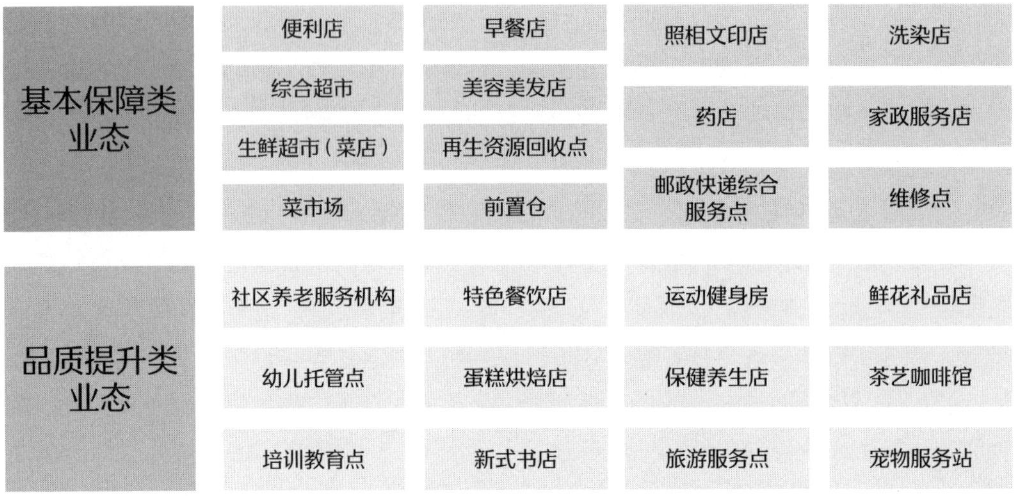

基本保障类业态				
	便利店	早餐店	照相文印店	洗染店
	综合超市	美容美发店	药店	家政服务店
	生鲜超市（菜店）	再生资源回收点	邮政快递综合服务点	维修点
	菜市场	前置仓		

品质提升类业态				
	社区养老服务机构	特色餐饮店	运动健身房	鲜花礼品店
	幼儿托管点	蛋糕烘焙店	保健养生店	茶艺咖啡馆
	培训教育点	新式书店	旅游服务点	宠物服务站

图3-2　社区便民生活圈商业业态类型

积从事所界定种类商业的数量多少，为了更好地探究商业设施密度与人群需求间的关系，分别求出研究生活圈范围内基本保障商业设施密度和品质提升类商业设施密度，单位面积商业设施数量越多，密度越大。

（3）点评人气与店铺质量

国内对于商业店铺的线上点评，最早建立于大众点评网，该网络平台是第三方点评平台，收集了大量用户的实际消费体验评价，统计后开放评价结果，一方面供给新客户群体根据需求选择商业店铺进行消费，另一方面以评价的形式倒逼商业良性发展。人们逐渐将大众点评视为衡量商业服务水平的数据网站，其数据可分为娱乐休闲、餐饮美食、文化艺术、养生服务、综合购物五大类，并在大类下分设个性小类，评价指标多元。目前，餐饮业是分布范围最广泛的一类商业设施，为人们提供最基本、便民的服务体验，同时也促进社会的就业和经济发展，其点评信息最多，可靠性最强。值得注意的是对于社区商业的点评评价数据，无法限定属地居民来做评价，因本研究的数学模型是基于"商业—人群—交通"三者的耦合协调关系，人群需求拉力指标是客观的人口数据和购买力，此项点评数据不作为人群需求侧的研究内容，因此无需要求只能属地居民评价。点评人气与店铺质量得分仅表征社区商业网点的服务水平，且本研究不涉及居民个体需求，因此对生活圈内社区商业进行打分的网民不需考虑其是否常住于生活圈服务半径内。

3. 交通纽带效力因素

交通纽带效力是促进社区商业发展的重要因素，完善的交通网络可以汇聚庞大的人群和财富，这样不仅会加速该区域商业氛围的成熟，还会加速地区价值的重组，使交通成为社区商业中承载人流的动脉。基于社区生活圈考虑公交站点密度、地铁站点密度和停车场密度，三项指标看似与居民步行可达的前提相悖，但"轨道+公交+私家车"等多样化交通工具，是为丰富居民的出行选择，同时商业并不局限于服务生活圈内的属地居民，通过公交、地铁和私家车汇集的流动人群也是社区商业服务的对象，社区商业倾向于设置在公共交通和静态交通发达地区，使得交通纽带的联立作用达到最强，因此交通纽带效力因素将选取生活道路网密度、公交站点密度、地铁站点密度、停车场密度和路网可达性五项指标。

（1）生活道路网密度

道路网密度是某一地区道路网的总长度与该区域的土地面积之比。从定义上可以看出，路网密度定义了道路长度和土地面积之间的关系，通常用道路网密度来表示不同规模城市道路的合理开发程度[94][95]。商业设施会倾向于在道路密度较大的市中心分布聚集，说明普遍道路通达性较好的区域是其社区商业的位置优选区。路网高密度表明，这个地区在生活圈中处于较为中心的位置，在商业密度极佳的位置上对人们的吸引力更大，人们在这里逗留的时间更久[96]。本书中，选用道路网密度来衡量社区生活圈商业发达程度，在计算道路网长度时要去除生活道路外的其他道路类型，这样计算的道路网密度才更具有服务性和生活性，从而更好地反映商业设施分布情况。

（2）公交站点和地铁站点密度

对于北京这种公交和地铁较为发达的一线城市，其站点密度可直接反映公共交通的空间分布情况，更能代表人们利用公共交通方式来满足日常商业诉求的便利程度。因此，考虑公共交通站点密度是基于商业供给在空间选择上的配置意向，即商业倾向于配置在公共交通发达的地区，而非居民在生活圈内。但如果所研究的社区生活圈内公共交通系统比较健全，那么辖区内居民选择公共交通方式的意愿就越高，也大大增加了人们对商业设施需求的可能性[97]。到目前为止北京的主要城区已基本实现300米公交服务半径全覆盖。因此，运用ArcGIS中的空间处理工具将公交与地铁站点POI信息同所研究的社区生活圈进行相交处理，本书中的公交和地铁站点密度指标指代为其分布在社区生活圈内的站点个数与生活圈面积的比值，从而使公共交通便利性得到定量化的计算，更好地服务于商业供给水平的研究。

（3）停车场站点密度

与上一小节的动态交通指标不同，停车场站点密度是一种静态的交通概念。静态交通是由公共交通车辆为乘客上下车的暂时停放、货运车辆为装卸货物的暂时停放以及小客车和自行车等在交通出行中停放等行为所构成的交通停放概念。静态车流是动态车流的延续，指在各类停车场构成的静态车流。静态交通设施资源的建设与其周边的商业空间属性紧密关联，亦或是为了服务这些商业空间资源，才建成了相应的静态交通设施资源，彼此之间形成相互匹配、平衡的关系。停车场的建设在城市中心区交通体系中占有举足轻重的地位，一方面，要求其建设布局合理，容量充足；另一方面，停车场是车辆与人群之间的交会点，间接反映人群的聚集情况，在停车场站点密集地区普遍有很多商业消费行为发生。因此本书通过其侧面反映社区生活圈内人群对于社区商业的需求情况。

（4）路网可达性

在本研究中，将路网可达性定义为生活道路网在网络布局、运输条件（交通方式）和土地使用影响下的通达程度。其表达形式用两点之间的平均通达时长来表示。路网可达性可有效反映研究区域内的道路通达情况，反映了人群出现在通达路径上的可能性，可作为商业设施选址的重要参考依据。因此，笔者认为路网可达性的强弱可有效反映商业设施空间布局情况。关于路网可达性的量化数据处理，本书采用了网络分析法计算路网可达性。其步骤如下：第一步，对路网进行处理，去除高速、快速路等非人行的路网，再分别做打断相交线和异常点连接的处理，得到一个在构建路网拓扑时可清晰简单搜索到相交点的路网；第二步，为了得到等时圈内步行可达性，计算属性表中的路网长度，赋予每条道路速度为4.2千米/时的步行速度，计算每段路网的步行时间；第三步，建立网络数据集，以时间为参考创建新的数据集属性，选择路网处理中计算的步行时间字段，完成网络数据集创建；第四步，在网络数据集建立的基础之上，利用ArcGIS中的Network Analyst模块建立OD成本矩阵，将起始点、终止点均设置为对应等时圈个数的社区的质心，计算并汇总点与点之间最短时间，得到可达性计算结果；第五步，利用ArcGIS空间分析工具中的反距离权重插值（IDW）对数据进行可视化表达。

3.5　确定指标权重

在确定评价指标后，要确定各指标的权重系数。确定指标的权重系数有多种方法，如主成分分析法、最大熵法、专家打分法（Delphi）、层次分析法（AHP）[98]、Delphi-AHP法。本研究即采用Delphi-AHP法这种将专家打分法与层次分析法结合的方式确定权重。

3.5.1　专家打分法

由于专家打分法主观成分较大，所以专家打分这一过程的准确性是该方法的关键。应用这一评价方法必须充分考虑到各级指标具体情况并广泛听取各方专家意见，这样才有可能发挥其应用价值。各级指标的权重计算数据得到20名经验丰富专家的支持，他们凭借自己的专业和经验对指标体系内各个指标的权重进行打分。问卷采用1-9标度法，分值分布在1~9之间，表示两两指标间的重要程度由低到高的分布，其结果统计表示意如表3-6所示。

专家打分调查问卷结果统计表　　　　　　　　　　　　　表3-6

	人口数量— 消费能力	商业业态— 商业密度	……	公交站点密度— 地铁站点密度
专家1				
专家2				
专家3				
……				
专家20				

结果处理是将每列指标结果进行几何平均值处理，用于下节层次分析法中判断矩阵的非对角项元素的填写，以此将专家打分结果作为权重计算的数据来源。

3.5.2　层次分析法

在指标得到了专家打分后，需使用层次分析法进行权重的定量化计算。层次分析法是将与决策相关要素分解为目标、准则、方案等层面，再进行定性和定量分析的决策方法。层次分析法是20世纪70年代提出的多准则决策方法，此方法最初由美国运筹学家T. L. Saaty教授提出，英文全称为"Analytic Hierarchy Process"，简称AHP，对于无法彻底定量分析的问题，人们通常优先选用此种方法进行应对，它能够对模糊、复杂问题形成简单、有效的决策思路[99]，故而备受研究者的青睐。人们在探究科学管理、经济、社会领域内的问题时，时常会陷入缺少定量数据的困境，难以清晰界定彼此交织在一起各种复杂影响因素的主次关系，此时就可以尝试运用层次分析法来建模，通过排序来形成清晰的决策思路。在本书中，运用层次分析法计算各级影响社区生活圈商业设施供给水平的指标权重分配。具体到应用实践中，一般要遵照如下的流程完成层次分析法下的建模工作：

第一步，建立递阶层次结构模型；
第二步，在每一级中构造全部的判断矩阵；

第三步，层次单排序及一致性检验（collective simulation）；

第四步，层次总排序及一致性检验（sequential complex）[100]。

以社区商业的发展规律和文献研究为基础，构建了一个评价指标的层次结构模型，总目标层为社区生活圈商业设施供给水平耦合协调评价体系，目标层次下的指导层设定三个一级指标，包括居民需求推力指标、商业供给拉力指标和交通纽带效力指标。为了便于耦合协调的研究，三个一级指标权重为1，用层次分析法对每一项次级指标赋权重，利用熵值法对评估指标进行权重的确定，运用多指标线性加权方法和加权叠乘法分别对三项指标进行评分[101]。

3.5.3 权重的计算

上文提到的多种指标，对商业设施供给水平耦合协调程度的影响存在不确定性与偶然性。为了能更加准确、客观地评估出其影响程度，需要获取这些指标间的权重关系。本文采用层次分析法，对最终的影响指标进行权重计算。首先为了明确权重等级，列出如表3-7所示的分级指标，方便下文计算权重：

分级指标表　　　　　　　　　　　　　　　表3-7

一级指标	二级指标	三级指标
人群需求推力A	人口数量A1	人口规模A11
		人口密度A12
	消费能力A2	购买力A21
商业供给拉力B	商业业态B1	业态多样性B11
	商业密度B2	基本保障类商业密度B21
		品质提升类商业密度B22
	商业服务水平B3	点评人气中位数B31
		店铺质量中位数B32
交通纽带效力C	交通网络C1	内部道路路网密度C11
	交通设施C2	公交站点密度C21
		地铁站点密度C22
	静态交通C3	停车场密度C31
	交通联络能力C4	路网可达性C41

1. 构建判断矩阵

判断矩阵用于可视化表示同级指标层内的指标两两关系,根据矩阵计算出权重比值权衡指标间的相对重要程度。其数据是根据问卷调查、访谈资料得出指标之间的层级关系用于确定评价权重,研究过程中共获取20组同一层级指标两两对比的实际问卷数据,将这20组数据进行几何平均值处理后得到对应的判断矩阵:

$$P = (p_{ij})_{n \times n}$$

判断矩阵具有下述属性:$p_{ij} > 0$,$p_{ij} = 1/p_{ji}$,其中p_{ij}代表元素p_i和p_j相对于其上一层元素重要性的比例标度,判断矩阵值越大,证明其重要性越高,一般采1~9的比例尺度进行赋值。标度及其描述如表3-8所示。

标度描述　　　　　　　　　　　　　　　　　　　　　表3-8

标度	定义描述
1	表示两个因素相比,具有同样重要性
3	表示两个因素相比,一个因素比另一个因素稍微重要
5	表示两个因素相比,一个因素比另一个因素明显重要
7	表示两个因素相比,一个因素比另一个因素明显重要
9	表示两个因素相比,一个因素比另一个因素明显重要
2、4、6、8	上述两相邻判断的中间值

(资料来源:作者根据层次分析法标注文献整理)

为了明确指标权重的计算过程,本书将以二级指标中的商业业态B_1、商业密度B_2、商业服务水平B_3的指标进行计算过程举例。根据公式得到判断矩阵,如下所示:

$$P = \begin{bmatrix} p_{11} & p_{12} & p_{13} \\ p_{21} & p_{22} & p_{23} \\ p_{31} & p_{32} & p_{33} \end{bmatrix} = \begin{bmatrix} 1.00 & 0.50 & 1.80 \\ 2.00 & 1.00 & 2.00 \\ 0.56 & 0.50 & 1.00 \end{bmatrix}$$

2. 计算权重向量和最大特征根

为了得到权重向量,首先设判断矩阵P的最大特征根为$\lambda_{\max}$,其对应的特征向量矩阵为W,也为所求的权重向量矩阵,即:

$$PW = \lambda_{\max} W$$

利用算术平均法,即求和法,计算矩阵各行的权重向量w_i,由于判断矩阵P的每列近似地反映权值的分配情况，故采用列向量的算术平均值来估权重向量，首先将P的元素按列归一化，即$p_{ij}/\sum p_{kj}$，将归一化的各列相加，后除以n即可得到权重向量。综上所述，计算公式为：

$$w_i = \frac{1}{n}\sum_{j=1}^{n}\frac{a_{ij}}{\sum_{k=1}^{n}a_{kj}}, \ i = 1, 2, \cdots, n$$

根据公式求得上节举例所列的判断矩阵P的特征向量矩阵W为：

$$W = \begin{bmatrix} w_1 \\ w_2 \\ w_3 \end{bmatrix} = \begin{bmatrix} 0.3021 \\ 0.4931 \\ 0.2049 \end{bmatrix}$$

因此计算得到其权重分别为0.3021、0.4931、0.2049。得到权重向量后，通过以下公式计算最大特征根λ_{max}：

$$\lambda_{max} = \sum_{i=1}^{n}\frac{(PW)_i}{nW_i}$$

3. 一致性检验

由于商业设施空间分布情况受很多因素的影响，不局限于本书所研究的指标，且人们对事物的认知是模糊、多样、主观的，难免会出现计算出的权重向量不能保持合理一致，因此利用以下公式进行一致性检验：

$$CI = \frac{\lambda_{max} - n}{n - 1}$$

通过上述分析得知该矩阵阶数为3，即$n=3$。结合上式，可将CI通过计算得出$CI = \frac{3.0386 - 3}{3 - 1} = 0.0193$。

最终判断是否满足一致性检验时，需用到一致性比例CR，公式为：

$$CR = \frac{CI}{RI}$$

其中RI为平均随机一致性指标，见表3-9：

平均一致性指标RI取值表　　　　　　　　　　表3-9

n	1	2	3	4	5	…
RI	0	0	0.52	0.89	1.12	…

（资料来源：作者根据相关文献整理）

当CR小于0.10时，则可判断矩阵具有满意的一致性结果。

用于举例的三个二级指标，其$n=3$，故RI取0.52，算得其一致性比例为

$CR = \frac{0.0193}{0.52} = 0.0371$。因0.0371<0.10，可判定该举例所计算的权重满足一致性检验。

与上节的运算方式相同，可以获得所有指标的权重关系，但为了更加便捷地获得数据运算结果，本文采用yaahp软件，用软件进行分析后，具体的计算结果详情见表3-10：

指标权重结果　　　　　　　　　　　　　　　表3-10

一级指标	二级指标	权重	三级指标	权重
人群需求推力	人口数量	0.70	人口规模	0.28
			人口密度	0.42
	消费能力	0.30	购买力	0.30
商业供给拉力	商业业态	0.30	业态多样性	0.30
	商业密度	0.50	基本保障类商业密度	0.375
			品质提升类商业密度	0.125
	商业服务水平	0.20	点评人气中位数	0.05
			店铺质量中位数	0.15
交通纽带效力	交通网络	0.35	内部道路路网密度	0.35
	交通设施	0.25	公交站点密度	0.1625
			地铁站点密度	0.0875
	静态交通	0.10	停车场密度	0.10
	交通联络能力	0.30	路网可达性	0.30

得到各指标的权重后，还需计算最大特征，进而分析其是否满足一致性。最大特征根的计算通过SPSS软件完成，一致性检验结果经整理后形成表3-11。由表可知，每一个指标CR都在0.10之下，即判断矩阵符合一致性要求，可直接在评价系统中使用评价指标的权重值。

指标权重一致性检验结果　　　　　　　　　　表3-11

一级指标	二级指标	最大特征根 max	一致性检验 CR	三级指标	最大特征根 max	一致性检验 CR
人群需求推力	人口数量	2	0	人口规模 人口密度	2	0
	消费能力			购买力	1	0

续表

一级指标	二级指标	最大特征根 max	一致性检验 CR	三级指标	最大特征根 max	一致性检验 CR
商业供给拉力	商业业态	3.079	0.076	业态多样性	1	0
	商业密度			基本保障类商业密度	2	0
				品质提升类商业密度		
	商业服务水平			点评人气中位数	2	0
				店铺质量中位数		
交通纽带效力	交通网络	4.222	0.083	内部道路路网密度	1	0
	交通设施			公交站点密度	2	0
				地铁站点密度		
	静态交通			停车场密度	1	0
	交通联络能力			路网可达性	1	0

3.6 评价模型构建

将以上指标和指标权重用于评价模型的构建，在评价社区生活圈商业设施供给水平的过程中，定义综合打分结果 K_1、K_2、K_3 分别表示每个居住小区在三个指标层的具体表现，以人群需求推力A指标层为例进行说明，如下式：

$$K_1 = S_{A11}w_1 + S_{A12}w_2 + S_{A21}w_3$$

其中 S_{A11}、S_{A12}、S_{A21} 分别表示该指标层下三级指标人口规模 A_{11}、人口密度 A_{12}、购买力 A_{21} 的标准化得分，w_1、w_2、w_3 分别表示对应的指标权重，由于三个一级指标层具有相同重要性，因此其指标层下的最下级指标之和为1，如下式：

$$w_1 + w_2 + w_3 = 1$$

3.7 数据处理方法

3.7.1 数据采集方法

本研究的主要数据包括借助百度开放平台对所有商业机构的POI数据进行爬取，

第3章 社区生活圈商业设施供给水平耦合协调模型构建

通过Python编程语言对研究数据进行爬取与清洗工作；用Python软件爬取链家网站上居住小区的基本信息数据；通过openstreetmap.org的矢量化处理，获取朝阳区的城市道路网数据；运用WorldPop获取各乡镇街道人口数据。将以上数据运用ArcGIS 10.6进行空间分析和可视化处理，使用SPSS平台对数据进行后续处理。

3.7.2 数据标准化方法

若研究和分析涉及多指标评价时，由于存在不同数量级、量纲、性质的指标，若分析时以原指标为依据，就会在无形中放大高值指标的作用，导致低值指标的作用被削弱。因此要将各种量化数据进行标准化处理后才能进入下一个分析环节。现阶段，模糊量化法、Z-score标准化、Log函数转换、min-max标准化都是应用较为广泛的数据标准化方法。本研究的数据处理是基于min-max标准化方法实现的，其原理是先线性变换原始数据，并在[0-1]区间内映射所得结果，故而也叫做离差标准化。其中min和max分别表示样本数据的最小值和最大值，如下式所示[102]。

正向指标：

$$T_i = (t_i - t_{\min})/(t_{\max} - t_{\min})$$

负向指标：

$$T_i = (t_{\max} - t_i)/(t_{\max} - t_{\min})$$

转换前各指标对应的数值用T_i表示，转换后用T_i表示。$t_{\max}$与$t_{\min}$代表同一指标序列中的最大值与最小值。

3.8 耦合协调评价

3.8.1 计算耦合协调发展指数（CDI）

耦合（Coupling）是一个物理概念，是两个或两个以上系统或运动形态，通过各种交互而产生相互影响的现象[103]。地理学的广义概念，是指两个地理要素或系统在一个特定的区域内的互动与影响。基于"耦合"的理念，研究者多利用耦合协调模型对城市中的公园布局和人口分布[104]、交通通达性与旅游业的发展[105]等系统间的耦合协调进行测度，进而反映出设施布局模式与社会经济因素的供需匹配关系。在此基础上，本研究拟构建人群需求推力、商业供给拉力、交通纽带效力三项指标层的耦合协调程度模型，以反映三者空间匹配程度和协调程度[106]。

此指数的组成部分为发展指数（DI）和耦合协调指数（CI），其中CI的次级指标数并非是固定的，因研究的不同存在差异，本课题将研究内容分为三项，以下为具体的表达式：

$$f(x) = \sum_{i=1}^{k} w_i x_i$$

三项指标层对应的综合分值分别用 $f(x)$、$g(y)$、$h(z)$ 表示；三项指标层内第 i 个三级指标的权重用 w 表示；三项指标层的指标个数之和用 k 表示，后确定其个数为13个，因此k=13；三项指标层内第 i 个指标标准化的结果分别用 x、y、z 表示。

代入相关公式，最后得到公式：

$$CI = \left\{ f(x) \cdot g(y) \cdot h(z) \cdot \left[\frac{f(x) + g(y) + h(z)}{3} \right]^{-3} \right\}^{\rho}$$

在上述公式中，耦合协调指数对应的值用CI表示，其在0~1之间取值，系统内每个次级指标的耦合关系与数值呈正相关关系；调节系数用 ρ 表示，本研究中 ρ=2。耦合协调指数（CI）只反映了这三个指标层之间的相互作用和协调能力的强弱，它注重平衡而忽略了提升。这就体现出了发展指数（DI）的必要性，可以同时兼顾协同效应和整体功效，其函数表达式如下式所示：

$$DI = \alpha f(x) + \beta g(y) + \gamma h(z)$$

在上述公式中，对应的权重分别用 α、β、γ 表示，由于三个指标层拥有相同的重要性，因此本研究中均设为1/3，代入下式可求出CDI。

$$CDI = \sqrt{CI \cdot DI}$$

3.8.2　耦合协调评价标准确定

通过研读相关文献可知，在研究供需系统之间的耦合协调发展水平时引入耦合协调度划分标准，也就是廖重斌的"十分法"是必要的，本研究据此制定了表3-12所示的划分标准表。

耦合协调度划分标准　　　　　　　　　　表3-12

耦合协调度（CDI）	协调等级	耦合协调度	协调等级
0.90~1.00	优质协调	0.40~0.49	濒临失调
0.80~0.89	良好协调	0.30~0.39	轻度失调
0.70~0.79	中级协调	0.20~0.29	中度失调
0.60~0.69	初级协调	0.10~0.19	严重失调

3.9 本章小结

本章为社区生活圈商业设施供给水平耦合协调模型的构建,首先总结当前已有的生活圈划定方法,选择百度API构建等时圈的方法来确定研究范围。然后,从政策法规和文献资料中提取"商业—人群—交通"的评价指标,运用Delphi-AHP法选取评价指标,确定其权重,并做一致性检验,构建评价模型后,确定数据采集的方法,用min-max标准化方法来处理数据,最后罗列耦合协调发展指数的计算方法,并确定评价标准,将以上模型构建思路汇总整理,研究流程如图3-3所示。

图3-3 研究流程图

第4章
社区生活圈商业设施供给水平耦合协调模型应用研究

4.1 北京市朝阳区概况与数据来源

4.1.1 北京市朝阳区概况

北京市朝阳区地处北京市东部，西侧与东城区、丰台区和海淀区交界，北侧与昌平区和顺义区交界，东侧与通州区交界，南侧与大兴区交界，区域总面积470.8平方千米，为北京城内最大城区。目前，朝阳区的行政管理体制由24个街道办事处和19个地区办事处组成。此外，朝阳区拥有大量的商场和购物中心，是北京最早开发的地区，有丰富的国际交流、金融业、国际贸易、文化传媒和高新技术等特色行业。另外，整个朝阳区拥有超过13万个商业网点，构成了将近十个以上的商务街区，因其区位优势、经济优势，使其在城市中得到快速的发展。

以北京市朝阳区为样本，旨在探索朝阳区当前各居住小区5分钟、10分钟和15分钟生活圈商业供给、人口需求与交通纽带的耦合协调关系，并提出优化建议。朝阳区人口在靠近城中心和长安街东延线密度较高，其他区域呈梯度递减，商业情况也呈相同趋势，随着城市版图的扩充，朝阳区在2023年将以"一纵一横"商业线为主，提升六大商务中心的质量，其多中心之势越发明显（图4-1）。

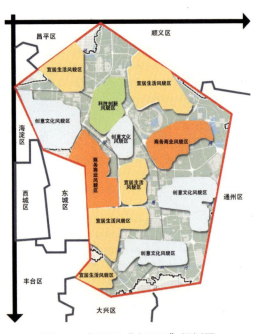

图4-1 朝阳区"十四五"规划图

4.1.2 研究数据获取

本书采用的数据主要包括链家和安居客的居住小区数据、社区商业设施POI数据、WorldPop人口栅格数据、道路网数据和大众点评数据，通过爬虫爬取、线下纠偏相结合的方式搜集研究数据，具体包括以下类别：

1. 小区数据

在我国，线上住房信息平台如安居客、链家网等，利用关键字搜索和条件选择的

第4章 社区生活圈商业设施供给水平耦合协调模型应用研究

方法，为用户提供了便捷的房源查询功能，积累了丰富的客户群体[107]。本研究运用Python算法从链家网站爬取了北京市朝阳区的居住小区数据，共计1429个，经过清洗、去重、整理等处理，最终获得了1386个小区的数据，具体如图4-2所示。其中包含了小区房价、绿化率、建设年代、容积率等与楼盘相关的信息，居住小区的位置、边界进行了人工矢量化矫正，以便后续研究。

2. POI数据

商业设施的POI数据主要通过百度地图的API接口获取，因百度地图具有相

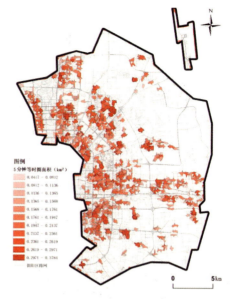

图4-2　研究区域内居住小区5分钟生活圈布局

对完善的开发接口，能够获得非常精准的POI点数据[108][109]。截至2022年11月，利用python代码网络爬虫方式采集到北京市朝阳区百度地图的295177个POI点，在地理空间信息数据中POI数据表现为点要素，包括名称、经纬度、属性等信息。在此基础上，本研究首先剔除与研究无关的非社区商业设施，最后筛选出的POI点位按其功能分为餐饮服务、购物服务、金融保险服务、科教文化服务、生活服务、体育休闲服务、医疗保健服务七大类，共计138904条，因社区生活圈规范中未提及汽车和摩托车相关服务，故不考虑与两者相关的商业服务类型，结果如图4-3所示。

本研究对北京市朝阳区全域范围划分500米×500米的网格，通过ArcGIS 10.6的空间连接功能，计算出每个栅格中各类商业设施数目，并对其进行可视化分析，从而获得北京市各类社区商业的密集程度图。

餐饮服务和购物服务是社区商业的两个大类，核密度分析如图4-4所示。北京市朝阳区餐饮服务以三环、四环和长安街

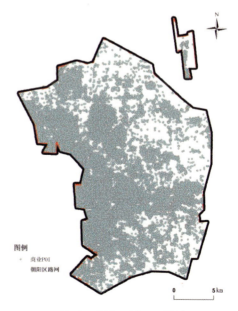

图4-3　研究区域POI总数

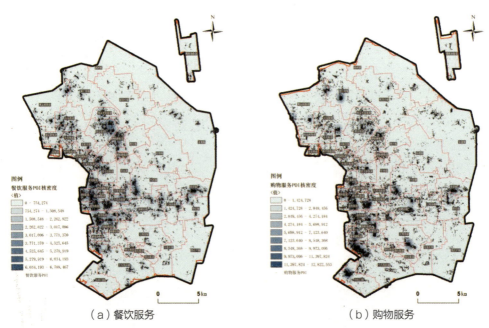

(a) 餐饮服务　　　　　　　　　　　　(b) 购物服务

图4-4　北京市朝阳区餐饮服务和购物服务核密度图

东延沿线商业密度高，其中望京街道和酒仙桥街道，以及位于东三环的呼家楼街道、建外街道、双井街道餐饮设施密度高，主要围绕重要商圈、旅游景点和住宅区分布，沿交通线扩展。这种分布与不同地区的经济水平、消费人群等特点相吻合。三里屯附近属于朝阳区餐饮高密度区域，望京、常营次之，由此可见商圈等级越高，餐饮设施分布越密集。同时，密集的流动人口带动了餐饮业的繁荣，景区、大型居住区、交通线站点等交通便利的地区也会促进餐饮设施的聚集。购物服务与餐饮服务类似，与之相反的是其聚集性要弱于餐饮服务，从核密度图上看购物服务分布较为分散和均衡，其中北京大洋路十八里店农产品批发市场是朝阳区购物类商业最密集的区域，其他区域的购物设施密集点与地铁线路高度重合。

近几年，随着人们生活质量的提高，数字技术与消费服务进行了深入的结合，消费服务的发展方式和业态也在不断更新。从图4-5可见，生活服务要比餐饮和购物服务密度更高，聚集性更加明显，主要集中在东三环和东四环的附近，与商圈的区位高度重合，可见生活在朝阳区靠近市中心的区域生活便利性最高。

科教文化服务和体育休闲服务的聚集性弱于餐饮、购物、生活等基本保障类商业。科教文化服务较均匀地分布在居住区周边，从图4-6（a）中可见，位于高碑店乡的中国非物质文化产业基地和位于酒仙桥街道的798艺术区是科教文化服务高聚集的地区，与实际情况吻合。体育休闲服务也较为分散，如图4-6（b）所示，三里屯街道的工人体育场和常营乡的天街周边体育类商业设施密集，使这些区域体育休闲服务呈高聚集状态。

医疗保健服务和金融服务密度低且数量少，分布较为均匀，结果如图4-7所示。民生类服务较少受到其他商业类型的影响，其中医疗保健服务广泛分布于居住区，金融服务倾向于在城区内设点。

近年来，朝阳区借助首都功能保障带，对全区的服务能力和经济发展起到了积极的推动作用，在引领消费结构升级的过程中，不断强化重点行业优势，完善基础配套设施，推动了在新消费领域的创新发展，在商业配套建设方面颇有建树。朝阳区横跨三条环线，辖区内

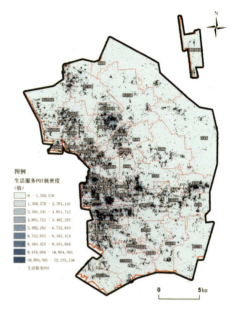

图4-5　北京市朝阳区生活服务核密度图

居住小区的情况较为复杂，既有年代久远的老旧小区，也有近年来新建的高档小区。这就造成了社区商业供给水平某种程度的不公平和不均衡，这也是本研究亟需探讨的问题核心。

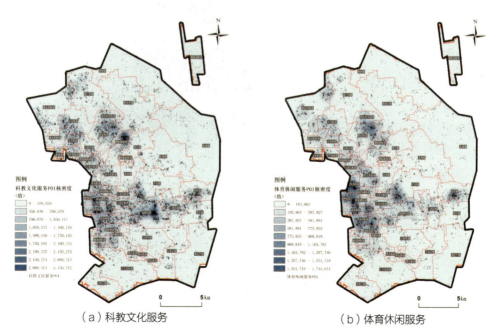

（a）科教文化服务　　　　　　　　　　（b）体育休闲服务

图4-6　北京市朝阳区科教文化服务和体育休闲服务核密度图

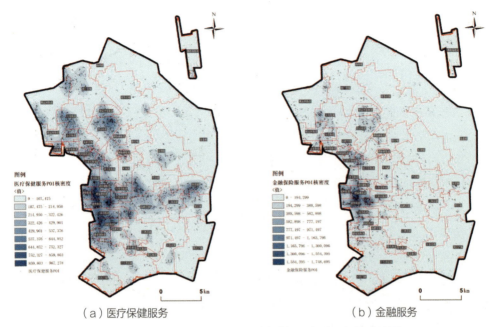

（a）医疗保健服务　　　　　　　　　（b）金融服务

图4-7　北京市朝阳区医疗保健服务和金融服务核密度图

3. WorldPop人口栅格

WorldPop计划是由佛罗里达大学的地理学院和新型病原研究所主持的，向公众分享了很多人口相关数据集。WorldPop的全球人口空间数据集整合大量的高分辨率影像、报告、统计数据和地理信息系统（GIS）数据，将全球的人口空间分布进行分类，并将其空间化，以支持对全球人口动态的研究和分析。从WorldPop网站获取最新的2020年北京市人口栅格数据如图4-8所示，分辨率为100米×100米。

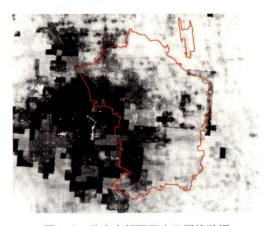

图4-8　北京市朝阳区人口栅格数据

4. 道路数据

OpenSreetMap（OSM）数据集是包含了交通设施与城市的建成环境OSM，是由用户自主上传与修改而成，具有比较高的更新时效性和可操作性，拥有较高的时间和空间分辨率，并可以在一个合理的区域里自由使用。因此，OSM也广泛应用于城市研究领域，数据具有可靠性。本书所用的道路网络数据是通过对openstreetmap.org进行矢量化处理得到的，从中截取朝阳区的城市道路网数据，含各级道路的中心线位置、长度等信息。对道路数据进行处理，包括单线处理和矢量化处理，修正数据的精度。同时用Python对2022年百度地图朝阳区的公交站点、地铁站点和停车场站点等交通数据进行爬取。

5．大众点评数据

大众点评网是国内首个由消费者进行打分评价的开放性在线点评平台。截至目前，已有1300万商户注册，日常用户数量超过1.7亿，用户评论数超过4300万，基数庞大。本书以北京市朝阳区为研究对象，通过统计分析，获得了该地区商家地理位置、评分以及人均消费等数据，统计结果如图4-9所示。对所获得的点评数据进行清洗与去重，将其按照名称、星级、评论数、人均消费、服务评分、地址和经纬度等信息进行数据化显示。观察数据发现美食的评价结果比购物、生活、休闲类数据的差异性小、真实性高，评论量大。为减少误差，在此仅用餐饮服务数据进行表征，本次研究涉及北京市朝阳区餐饮类点评数据的人气评分和星级评价两类数据，有效数据达46695条。

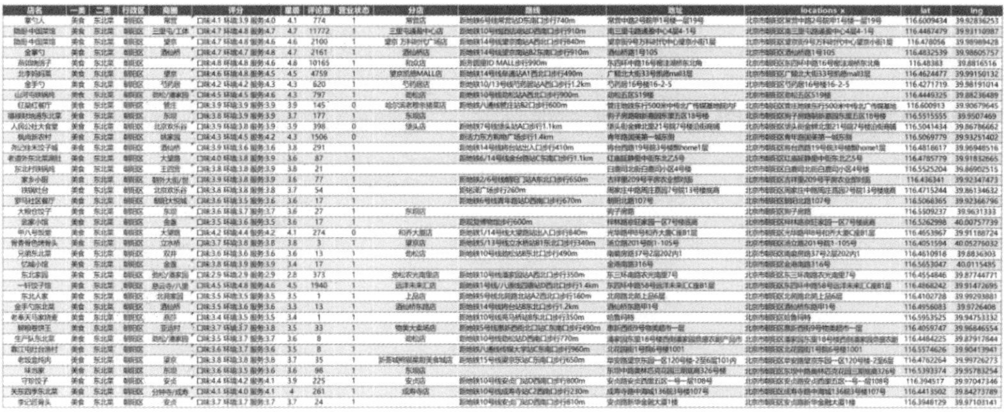

图4-9 北京市朝阳区大众点评部分数据

4.1.3 社区生活圈划定

研究区域包括24个街道，19个地区。从链家网未爬取到金盏乡的小区数据，且金盏地块位于国际合作服务自贸区，目前多项地产项目正在规划建设中，暂不列入研究样本，故研究样本包括24个街道，18个地区的1386个居住小区。

首先，对朝阳区全域1386个居住小区划定5分钟、10分钟和15分钟生活圈。将生活圈与朝阳区区划边界相交的居住小区做剔除处理，剩余1123个居住小区。根据《标准》提到5分钟生活圈不包括大型商圈和购物中心，因此剔除305个5分钟生活圈中包含大型商圈和购物中心的居住小区，其10分钟和15分钟生活圈也将不纳入研究样本。经过梳理，对剩余的815个居住小区做社区生活圈商业设施供给水平耦合协调度研究，各居住小区5分钟生活圈范围如图4-10所示。

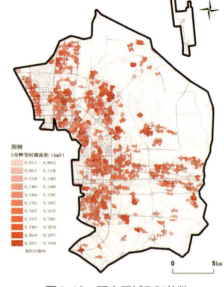

图4-10　研究区域POI总数

4.1.4　研究数据计算

1. 人口规模

笔者提取WorldPop网站已公布的100米×100米分辨率的北京市人口数据，将获得的tif文件的浮点型数据转成整数型，并建立属性表。以5分钟生活圈为例，为了保证人口点数据可被提取，绘制500米缓冲区，并利用掩膜提取工具对栅格数据进行提取，接着做转点处理，将五分钟等时圈范围与人口点数据相交，选择统计区域的社区字段，统计类型是面数据（shp文件）内的栅格数据总和，整理出各居住小区的人口规模（图4-11）。

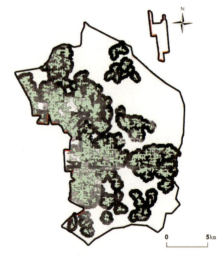

图4-11　北京市朝阳区5分钟生活圈人口栅格数据

2. 人口密度

以5分钟生活圈为研究范围，将所得数据输入ArcGIS 10.6平台，得到朝阳区人口密度分布图，从图4-12中可知，北京市朝阳区人口密度在空间上分布差异显著，人口密度以北京中心城区和长安街东延为核心，向四周扩散降低。5分钟生活圈内人口规模和人口密度一致性较高，呈现的是位于四、五环周边的居住小区，其5分钟生活圈两项人口指

第4章 社区生活圈商业设施供给水平耦合协调模型应用研究

标高于位于二、三环的结果，这区别于平常认为越靠近市中心人口密度越高的既定认知。可能的原因是近郊区的楼盘，其楼龄较新，有较多中高密度小区，对于5分钟生活圈而言，人口密度要高于城中心的老旧小区。

北京市朝阳区人口密度最大的区域集中在三环以里，如朝外街道、建外街道、呼家楼街道和三里屯街道都属于人口高密度地区。建外街道和朝外街道属于CBD商务区，呼家楼街道和三里屯街道属于三里屯使馆区，其商业的数量和类型非常丰富。这表明，城市的人口密度与城市的商业经济发展水平具有很强的相关性和一致性。

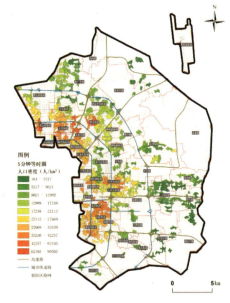

图4-12 北京市朝阳区5分钟生活圈人口密度图

为了印证人口数据和居住小区数据空间分布的一致性，对北京市朝阳区居住小区和人口密度运用渔网工具和核密度工具，绘制标准差椭圆，朝阳区人口密度分布如图4-13（a）所示，居住小区的分布情况如图4-13（b）所示。两者有着很高的一致性，也是集中分布在建外街道、朝外街道、呼家楼街道和三里屯街道等区域，各居住小区的空间格局呈西北—东南方向，这一结果与人口分布的方向性一致，以上结果对北京市朝阳区居住小区数据的可信度进行了检验。

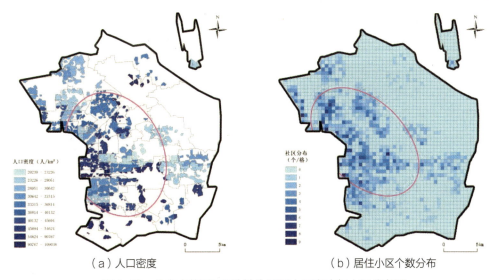

（a）人口密度　　　　　　　　　（b）居住小区个数分布

图4-13 北京市朝阳区5分钟生活圈人口密度与小区分布图

3. 购买力

在社区商业供给水平评价中用房价代指购买力，在3.4.6节中已论述其具有一定研究价值。以5分钟生活圈为例，求出每个生活圈内的房价平均值代指购买力，得出的结果如图4-14所示。从整体趋势来看，靠近商务区的居民购买力显著高于城郊小区和老旧小区，北边居民购买力高于南边，靠近市中心居民的购买力高于城郊居民的购买力。

4. 业态多样性

对北京市朝阳区5分钟生活圈的商业业态多样性进行计算，结果如图4-15所示。上节中已筛选出的不同生活圈尺度下的POI点数量，按其功能分七大类，包括餐饮、购物、金融保险、科教文化、生活、体育休闲和医疗保健服务。从图中可知，在5分钟生活圈尺度下，业态多样性比较丰富，多样性高的地区集中分布在朝阳区的商圈附近，交通路网发达，而多样性低的生活圈普遍位于边缘地区或是缺少城市快速路，导致业态种类单一。

5. 商业密度

人们对社区商业设施的需求是动态变化的，在"生活圈"理念下的社区商业设施业态除了要满足现有的规范标准之外，还应该满足居民的实际使用需求。综合考虑不同年龄段居民消费行为特点，结合最大步行容忍距离，对社区商业设施进行合理布局，提升居民对社区的认同感与幸福感。以现行规范标准的分类规模为基础，将社区生活圈商业设施业态按照圈层结构进行分级，见2.2.2节的不同尺度生活圈内POI

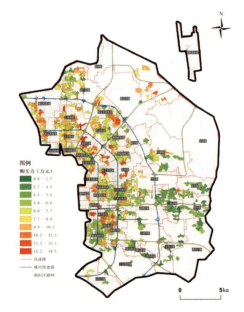

图4-14 北京市朝阳区5分钟生活圈购买力分布图

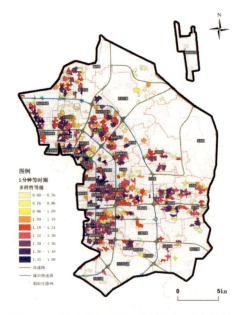

图4-15 北京市朝阳区5分钟生活圈多样性分布图

点的分类。由于使用频率和使用对象不同，相同种类的社区商业在空间上的分布有所差异。以5分钟生活圈为例，计算基本保障类商业密度和品质提升类商业密度，结果如图4-16所示。

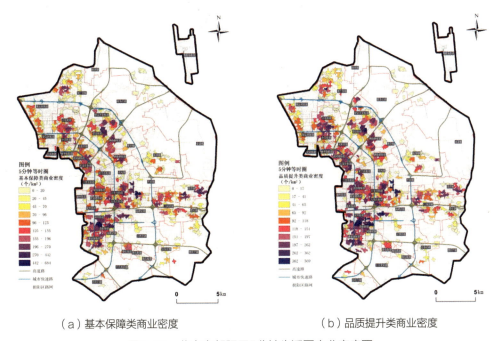

（a）基本保障类商业密度　　　　　　（b）品质提升类商业密度

图4-16　北京市朝阳区5分钟生活圈商业密度图

通过两者对比可见，基本保障类比品质提升类商业密度整体偏低，5分钟生活圈的基本保障类主要为便利店、早餐店以及基本医疗诊所，属于必备且盈利性较低的商业业态。因此从朝阳区各居住小区5分钟生活圈范围来看，除了个别靠近商圈的区域，远离重要城市道路的居住小区周边基本保障类商业密度普遍较低；而品质提升类社区商业具有强集聚性，三环和四环周边沿线多是周边以品质提升类居多的居住小区。

6. 人气评分和店铺质量评价

通过大众点评得到的餐饮类商家人气评分和店铺质量评价，分别求出5分钟、10分钟和15分钟生活圈内餐饮类商家人气评分的平均分和店铺星级质量评价平均值，作为每个社区生活圈的点评人气和店铺质量指数。以5分钟生活圈范围内的店铺质量评价为例，结果如图4-17所示，店铺质量分布差异较大，地理位置所产生的影响较小。奥运村街道、来广营乡和管庄乡的部分地区的店铺质量整体偏低，根据资料查阅发现，奥运村街道因奥林匹克公园占据大部分面积，导致绝大多数餐饮类商业设置在

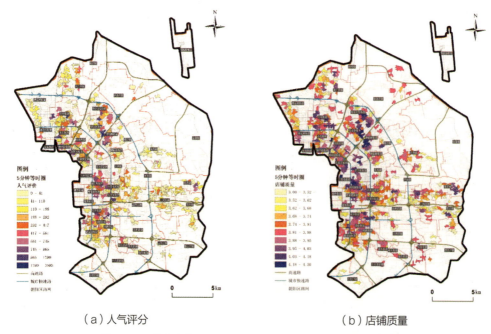

(a) 人气评分　　　　　　　　　(b) 店铺质量

图4-17　北京市朝阳区5分钟人气评分与店铺质量分布图

地下，主要位于地下一层的地铁站和新奥购物中心附近；来广营乡和管庄乡是店铺质量较低的地区，通过调研发现其餐饮类型以小型低品质餐饮为主。

7. 生活道路网密度

将每个生活圈与交通路网相交，求出每个社区生活圈的生活道路网密度，以朝阳区5分钟生活圈为例，结果如图4-18所示。北京市朝阳区交通特点是早晚高峰交通流量处于高位运行，商圈景点周边交通拥堵。朝阳区三里屯、朝阳大悦城、合生汇周边路段持续车多，东部环路压力最大，东二环到东五环北段以及东四环、五环南段路段行驶不畅。从道路密度和公交站点密度情况来看，两者有高度的一致性，特殊的是劲松街道和潘家园街道的道路网密度较低，但是公交站点密度很高，原因可能是大型老旧居住区为了缓解路网匮乏导致的拥堵现象，增设了大量公交站

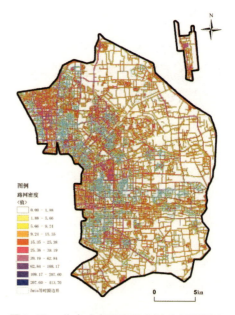

图4-18　北京市朝阳区5分钟生活圈路网密度图

点。从密度趋势来看，高密度地区均位于二环与三环之间，可见无论是私家车出行还是公共交通出行，越靠近市中心，交通条件越好。除此之外，堡头街道和将台乡内部的路网丰富，但是公共交通站点密度不高，以上均需针对弱项从生活圈层面适当提升。

近几年来，骑行逐渐成为一种时尚，居民对良好骑车环境的要求也随之提高。基于此，朝阳区自2016年开始实施慢行系统专项整治，对包括外交部南街和青年沟路在内的68条道路进行了优化改造，"编织"出了105千米的慢行系统。慢行系统建设的完善，使得区域内部及周边道路通行效率得到提升，5分钟生活圈范围可以此扩大，交通条件对生活圈内出行便利度具有一定程度正向促进作用。

8．公共交通站点密度

公共交通站点布局合理和均衡决定了公交线路的衔接性以及畅通性，同时也决定了公交运输吸引客流的能力和居民乘车、转乘的便捷性，直接反映出了目标城市公交系统的科学性，为优化城市客运交通结构提供了新思路。

商业的客流一部分来自于站点输送，而社区商业自身也倾向于在公共交通发达的区域开店。因此获取北京市朝阳区站点数据，剔除停运和重叠的点位，计算得出生活圈内公交站点和地铁站点密度，结果如图4-19所示。地铁站点密度除了CBD商务区密度较高，其他区域分布相对均匀，可以发现，公交站点密度高的区域人口密度也高。因此，公共交通站点多设于人流密集的地区，如大型商业区、大型住宅区、大型集会场所等。

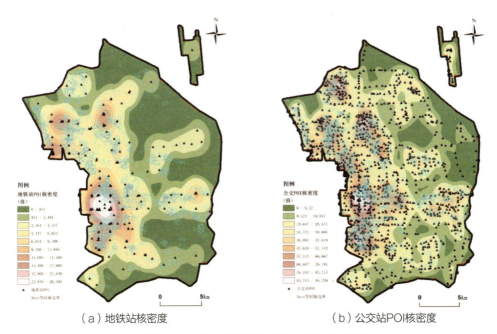

（a）地铁站核密度　　　　（b）公交站POI核密度

图4-19　北京市朝阳区公共交通核密度图

9. 停车场密度

在构成交通现象时，静态的和动态两种交通形式是不可分割的，静态是相对于动态提出的交通形式。其中，动态交通是指车辆在城市中如何行进，静态交通是指在城中车辆如何停车。在大城市的道路系统中，静态的道路系统和动态的道路系统组成了一个完整的系统。目前，"停车难"问题已经成为制约我国中央商务区域经济发展的重要因素，所以对于静止的流量，我们应该如同对动力流量的关注一般，给予足够的重视。我国在交通行为研究方面尚处于起步阶段，对停车行为的调查研究较少。本书以停车场密度表示静态交通的供给水平，以5分钟生活圈为例，计算圈内停车站点密度，结果如图4-20所示，可见停车场站点位置以CBD商务区、商业聚集区为主，与居住区没有强关联性。

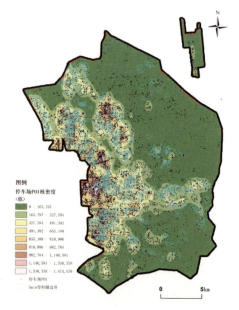

图4-20 北京市朝阳区停车场POI核密度图

10. 道路可达性

针对道路可达性的研究，理应以居住小区到周边所有商业设施的平均时间定义为道路可达性，但由于商业网点数据量过大，不好界定，因此简化为单一小区到任意小区步行时长的平均值确定生成可达性。首先构建北京市朝阳区网络数据集，然后针对辖区内815个样本小区，按照步行4.2千米/时的速度，运用网络分析工具（Network Analyst）中的OD成本矩阵绘制小区与小区之间的可达性，最后使用反距离权重插值工具生成道路可达性空间分布图，如图4-21所示。图中数值表示其中一点到其他所有点的平均时间，数值越低，表明可达性越好。从图中可知朝阳公

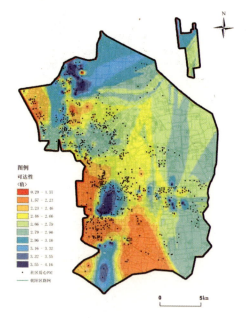

图4-21 北京市朝阳区居住小区可达性栅格图

园以南存在一个可达性洼地，来广营乡、小红门乡和十八里店乡的部分地区内可达性较差。

4.2 指标分值的计算

通过计算人群需求推力、商业供给拉力、交通纽带效力三个指标层的分值，并对各项的统计学特征进行分析。

4.2.1 人群需求推力

人群需求推力是指居民对商业设施的急切需要程度。假定地区商业供给拉力与交通纽带效力的关系维持稳定，但居民需求强烈，也将导致整体耦合协调指数下降。如果仅从商品供给和交通纽带两方面来衡量区域间的协同发展，忽略了区域内居民人口需求等非空间因素，会导致各区域间的服务是均等化的假设，与事物的客观发展规律不符。所以，需要在综合人口规模、经济水平等特点的基础上，对各个居住小区的商业供给水平展开研究。人群需求拉力包括人口规模、人口密度、购买力三项指标，因为在居住小区层面获取个体数据难度较大，因此未选取诸如人口结构、收入水平更贴近人口需求的指标。

利用3.5.3节专家问卷得出的权重，分别对5分钟、10分钟和15分钟生活圈进行人群需求拉力得分的分值计算，数据进行标准化处理，计算结果如图4-22所示。从人群需求拉力得分来看，研究尺度的变大，使得人群需求得分逐渐变高。同时，研究尺度越大，得分高的居住小区生活圈越聚集，其中三环沿线以及位于四环的望京街道、小关街道和亚运村街道人群需求得分较高。从三个层级的生活圈尺度来看，十八里店乡和黑庄户乡板块的人群需求推力得分均偏低；整体的人群需求拉力在三个层级的得分具有高度的一致性；从趋势上来看，呈中心向四周发散。

4.2.2 商业供给拉力

商业供给拉力代表了商业设施的供给水平。近几年，在促进市场繁荣、拉动消费、改善民生、扩大就业方面，我国取得了显著成绩。但是，与此同时，发展不均衡不充分的问题依然十分明显，我国的供给质量、治理能力和消费环境都还有需要提升的空间，这与人们不断增长的美好生活需求有很大的差距。

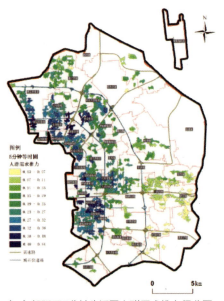
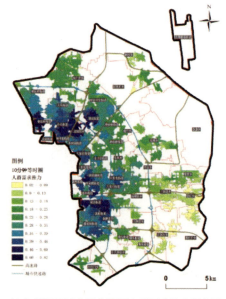

（a）朝阳区5分钟生活圈人群需求推力得分图　　　（b）朝阳区10分钟生活圈人群需求推力得分图

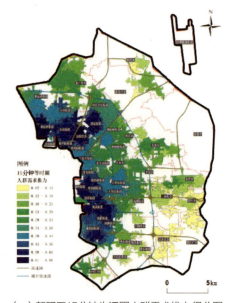

（c）朝阳区15分钟生活圈人群需求推力得分图

图4-22　北京市朝阳区社区生活圈人群需求推力得分图

商业供给拉力包括业态多样性、商业密度和服务水平三项指标，从种类、数量和质量三方面综合评价样本区的商业设施供给水平。但是单纯针对商业设施供给水平的评价是片面的，因为并不是越多就越好，也不是商业设施供给水平得分低就差，需要与人口需求进行耦合协调，只有商业和人口情况相适应，这一地区供给水平才达标。

当前我国中心城区整体呈现显著的供给过剩态势，朝阳区5分钟、10分钟和15分钟生活圈社区商业供给水平高的居住小区显著分布于商圈附近，结果如图4-23所示。由此可见商业具有空间聚集性，且随着生活圈圈层尺度的扩大，商业供给拉力得分高的地区也在扩大，因此朝阳区的商业供给水平高的地区会带动周边地区商业共同提升，

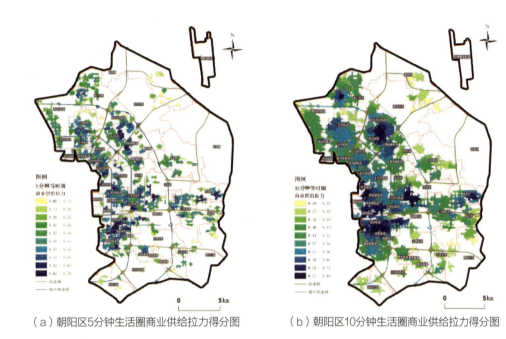

（a）朝阳区5分钟生活圈商业供给拉力得分图　　（b）朝阳区10分钟生活圈商业供给拉力得分图

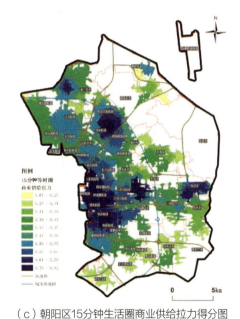

（c）朝阳区15分钟生活圈商业供给拉力得分图

图4-23　北京市朝阳区社区生活圈商业供给拉力得分图

由点状分布逐渐形成面状分布,最后围绕某些商业水平高的地区呈中心向四周发散的梯度分布。

商业供给拉力以建外街道、呼家楼街道、三里屯街道、望京街道和常营乡内的社区生活圈得分较高。平房乡的部分地区在10分钟和15分钟生活圈内,商业供给拉力得分变高,通过数据研究发现,因为将朝阳大悦城内及附近的商业纳入考量范围,使得整体得分变高。同样位于孙河乡的北京院子小区在5分钟和10分钟生活圈范围内的商业供给水平一般,但是15分钟生活圈因为将两个购物中心纳入,商业供给水平也得到较大提升。因此,除了商业自身的聚集性,个别大型商圈也会让其所处的生活圈内商业供给水平得到显著提升。对比中发现,垡头街道、孙河乡、管庄乡和小红门乡内社区生活圈商业供给得分较低,与之相对,这些地区的居住水平也较差,房价显著低于朝阳区其他乡镇街道。

4.2.3 交通纽带效力

交通联系是人和物发生空间位移的主要方式,而交通运输网络的布控将会对人们的日常生活产生重要的作用。道路网络与节点的布置是由多种因素共同决定的,并且随着社会、经济、技术条件的发展而处于动态的发展与变化过程中。交通是与商业活动密切相关的,没有了交通,商业活动无从开展,有了便利的交通后,商业聚集形成服务一个区域的商业中心,而商业中心的发达会促使交通得到更进一步发展。反之,如果运输路线发生变化,或者运输不便,就会造成地区商业发展的衰退和滞后。所以,为了节省成本并获得更多的经济利益,一般商家开店都会选择靠近交通通达的区域。另外,随着交通运输的发展,商品的流通也得到了极大的发展。

因此在探讨人群需求与商业供给之间的问题,需要考虑交通纽带的效力,在第三章已论证将交通纽带效力由道路网密度、公共交通站点密度、静态交通和交通可达性指标代表,叠合指标权重,交通纽带效力得分如图4-24所示。统观三个层级的社区生活圈,交通纽带效力的高地集中在靠近市中心的北部和中部,随着生活圈层级的扩大,得分高的地区呈聚集态势,尤其以三环沿线和望京开发区周边得分较高,四环沿线次之。同时,即使处于不同的生活圈尺度下,从全域来看,交通纽带效力得分也可看出明显的半扇形结构,即中心得分高,向周边得分梯度降低。这也是选择朝阳区为研究对象的其中一个原因,朝阳区扇形环的趋势显著反映交通的优劣程度,使得研究对象更加丰富,而不选择研究整个北京市的原因是研究区过大,数据采集和整理会遇到巨大困难,冗余过高。

通过对比交通纽带效力得分中的单项得分,也就是分析示意图背后的单项数据表

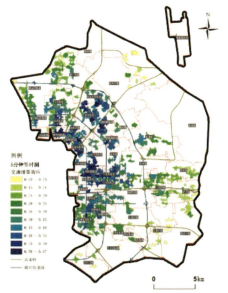
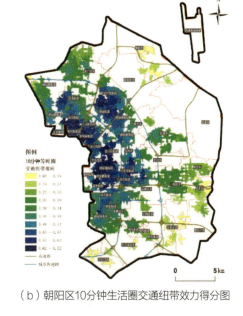

（a）朝阳区5分钟生活圈交通纽带效力得分图　　（b）朝阳区10分钟生活圈交通纽带效力得分图

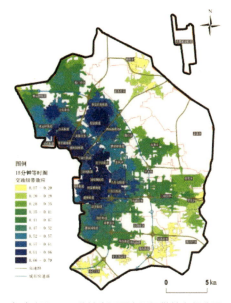

（c）朝阳区15分钟生活圈交通纽带效力得分图

图4-24　北京市朝阳区社区生活圈交通纽带效力得分图

发现，道路网密度和公交站点密度在多数街道中呈现的是反向相关，其中望京街道、呼家楼街道和垡头街道体现得尤为明显。望京街道和呼家楼街道内社区生活圈公交便捷度高、道路密度低，通过调研可得知望京街道是斜向道路、交通拥堵、公交便捷，呼家楼街道被东三环路分割，主干路较少、支路较多，且呼家楼街道有较多商务办公区，公共交通丰富。指标结论与实际情况吻合，因此判断得分可反映真实情况。虽然内部指标之间存在正负相关性，但是反映到交通纽带效力总得分上，中心城区和望京开发区的交通纽带效力显著高于朝阳区其他地区。

4.3 耦合协调度的空间分布特征

本研究借鉴其他学者研究成果基础上，认为在一定范围内的数值可以归类为同一类，从而更准确地反映不同尺度下商业设施供给水平的表现特征。将人群需求推力A、商业供给拉力B和交通纽带效力C三项指标得分依据第三章得出的权重带入耦合协调的公式中，计算每个居住小区所处5分钟、10分钟和15分钟生活圈的人群需求推力、商业供给拉力与交通纽带效力的耦合协调指数、耦合发展指数和耦合协调发展指数，用于进行后续的耦合研究。基于三个圈层尺度计算的耦合协调发展指数CDI，用ArcGIS 10.6平台将CDI分值分为10级。将耦合协调发展指数的计算结果分为优质协调、良好协调、中级协调、初级协调、濒临失调、轻度失调、中度失调、严重失调类8级，如表4-1所示。

协调指数分类体系和评判标准　　　　　　表4-1

耦合协调发展指数	0.90~1.00	0.80~0.89	0.70~0.79	0.60~0.69	0.40~0.49	0.30~0.39	0.20~0.29	0.10~0.19
协调类型	优质协调	良好协调	中级协调	初级协调	濒临协调	轻度失调	中度失调	严重失调

4.3.1 朝阳区5分钟生活圈商业设施供给水平耦合协调度

由于5分钟、10分钟和15分钟等时圈的绘制是以居住小区质心为原点，因此当研究层级越高，其生活圈之间的重叠范围会越大。本文的研究忽略生活圈重叠带来的冗余性，是因为如果将重叠生活圈进行合并，会造成单一样本覆盖多个居住小区，导致样本与样本形成基数差异，使研究结果偏离。以筛选后的居住小区质心为原点绘制相应尺度的社区生活圈，由于生活圈重叠导致示意图表征不明问题，因此绘制双图，即一张生活圈排序从高到低依次堆叠，另一张从低到高依次堆叠。

5分钟生活圈的耦合协调度，结果如图4-25所示。可以看出中心城区耦合协调度整体偏高，四环范围内5分钟生活圈耦合协调度高的居住小区多于五环范围内，其中偶有部分居住小区耦合协调度中等，城郊区零星居住小区耦合协调度差，朝阳区东南部和西

第4章 社区生活圈商业设施供给水平耦合协调模型应用研究

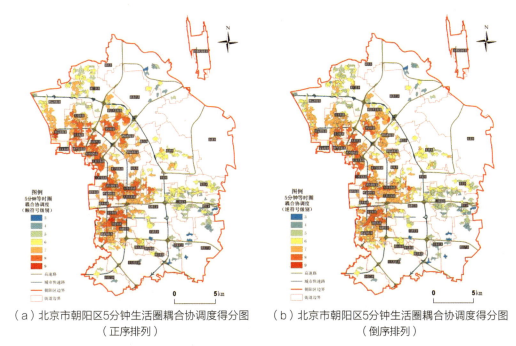

（a）北京市朝阳区5分钟生活圈耦合协调度得分图
（正序排列）

（b）北京市朝阳区5分钟生活圈耦合协调度得分图
（倒序排列）

图4-25 北京市朝阳区5分钟生活圈的耦合协调度得分图

北部耦合协调度整体偏低。建外街道、呼家楼街道、三里屯街道、望京街道和朝外街道内居住小区所在的5分钟生活圈商业设施耦合协调度较高，豆各庄乡、孙河乡、黑庄户乡、王四营乡、垡头街道和东坝乡内居住小区所在的5分钟生活圈商业耦合协调度较差。

在815个居住小区中，9级"良好协调"住区有4个、8级"中级协调"住区162个、7级"初级协调"住区有351个、6级"勉强协调"住区有176个、5级"濒临失调"住区有84个、4级"轻度失调"住区有35个、3级"中度失调"住区有7个，耦合协调度处于高位和低位的居住小区，空间分布如图4-26所示。

耦合协调度划分9个等级，选取协调度最好与最差的居住小区展开研究。耦合协调度最好，即得分位列9级；耦合协调度最差，即得分位列2、3、4

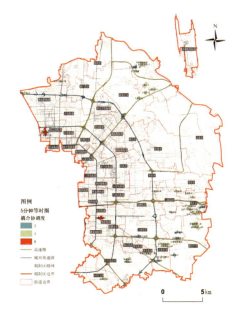

图4-26 北京市朝阳区典型居住小区
5分钟生活圈分布图

级。如此分类的依据是，位于8、9级的居住小区较多，在此仅考虑9级的典型居住小区；耦合协调度差的小区分数差异小、数量少，且没有耦合协调度为1级的居住小区。因此选择展示2、3、4等级的典型居住小区，结果见表4-2。

北京市朝阳区5分钟生活圈的耦合协调度高位和低位社区得分表　　　表4-2

小区名称	单项得分			耦合协调			协调等级	耦合协调程度
	人群需求推力	商业供给拉力	交通纽带效力	耦合度C值	协调指数T值	耦合协调度D值		
凌云名苑	0.847	0.370	0.423	0.956	0.722	0.831	9	良好协调
华严北里3号院	0.688	0.402	0.431	0.982	0.677	0.815	9	良好协调
首城国际A区	0.380	0.754	0.425	0.950	0.696	0.813	9	良好协调
峻峰华亭	0.671	0.390	0.423	0.982	0.659	0.805	9	良好协调
……								
绿丰家园	0.058	0.084	0.112	0.881	0.102	0.299	3	中度失调
首开琅樾二期	0.102	0.114	0.053	0.889	0.097	0.294	3	中度失调
八里桥南院	0.053	0.073	0.101	0.877	0.088	0.278	3	中度失调
恒大领寓	0.032	0.115	0.158	0.563	0.132	0.272	3	中度失调
CBD国际高尔夫别墅	0.148	0.002	0.171	0.524	0.139	0.270	3	中度失调
宇达创意中心	0.031	0.351	0.076	0.401	0.180	0.250	3	中度失调
扬州水乡	0.065	0.384	0.034	0.343	0.183	0.250	3	中度失调

5分钟生活圈耦合协调度最高的居住小区是位于亚运村街道的凌云名苑小区、峻峰华亭小区、华严北里3号院以及位于劲松街道的首城国际A区；5分钟生活圈耦合协调度最差的居住小区较多，以豆各庄乡的宇达创意中心、黑庄户乡的扬州水乡，孙河乡的远洋LAVIE得分最低，在第5章中会针对以上部分典型案例小区展开线下调研，探究造成耦合协调度高和低的空间因素。

4.3.2　朝阳区10分钟生活圈商业设施供给水平耦合协调度

10分钟生活圈的耦合协调度如图4-27所示，可见多数居住小区10分钟生活圈内商业设施供给水平得分要高于在5分钟生活圈范围内。随着圈层结构的扩大，三环、四环沿线以及偏北部地区耦合协调度较高，位于东南角的豆各庄乡、黑庄户乡和管庄乡

第4章 社区生活圈商业设施供给水平耦合协调模型应用研究

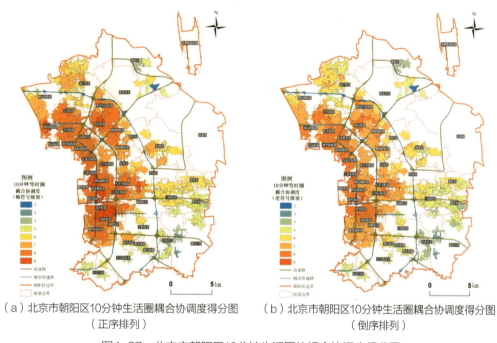

（a）北京市朝阳区10分钟生活圈耦合协调度得分图
（正序排列）

（b）北京市朝阳区10分钟生活圈耦合协调度得分图
（倒序排列）

图4-27 北京市朝阳区10分钟生活圈的耦合协调度得分图

内的居住小区所在10分钟生活圈耦合协调度整体偏低，究其原因，可能是居住区被铁路、工厂等其他用地割裂，未形成完整居住区，且道路条件不佳，使得耦合协调度整体得分较低。

10分钟生活圈内，耦合协调度高的小区集中在东三环沿线，主要位于呼家楼街道、三里屯街道和双井街道内，具有一定聚集性。亚运村街道和望京街道也有个别居住小区呈"良好协调"状态，结果如图4-28所示。耦合协调度低的小区分布于孙河乡、管庄乡、豆各庄乡和垡头街道等地。孙河乡处于正在建设阶段，其居住区定位比较高档，而现状商业设施还未配齐，未能满足高档小区内的人群需求，因此耦合协调度较低；管庄乡、豆各庄乡和垡头街道等地在经济上发展程度较低，公共服务保障水平也与中心城区有较大差距，且内部有多个待腾退的城中村，道路

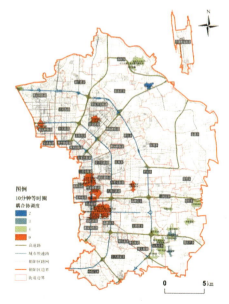

图4-28 北京市朝阳区典型居住小区
10分钟生活圈分布图

比较狭窄，断头路偏多，使得耦合协调度较低。

在815个居住小区中，9级"良好协调"住区有26个、8级"中级协调"住区有318个、7级"初级协调"住区有238个、6级"勉强协调"住区有149个、5级"濒临失调"住区有66个、4级"轻度失调"住区有15个、3级"中度失调"住区有2个、2级"严重失调"住区有1个，耦合协调度处于高位和低位的居住小区见表4-3。

北京市朝阳区10分钟生活圈的耦合协调度高位和低位社区得分表　　表4-3

小区名称	单项得分			耦合协调			协调等级	耦合协调程度
	人群需求推力	商业供给拉力	交通纽带效力	耦合度C值	协调指数T值	耦合协调度D值		
梵悦108	0.474	0.693	0.676	0.979	0.759	0.862	9	良好协调
首城国际B区	0.434	0.804	0.545	0.968	0.726	0.839	9	良好协调
中纺东里	0.392	0.834	0.578	0.952	0.738	0.838	9	良好协调
首城国际C区	0.437	0.754	0.545	0.975	0.706	0.830	9	良好协调
核桃园北里	0.479	0.591	0.626	0.987	0.692	0.830	9	良好协调
百环家园	0.401	0.767	0.555	0.965	0.701	0.822	9	良好协调
珠江帝景	0.510	0.749	0.452	0.982	0.687	0.821	9	良好协调
富力爱丁堡公馆	0.414	0.633	0.633	0.973	0.687	0.818	9	良好协调
大西洋新城A区	0.553	0.549	0.553	0.998	0.668	0.816	9	良好协调
光华路	0.423	0.705	0.550	0.978	0.681	0.816	9	良好协调
首城国际A区	0.417	0.736	0.533	0.973	0.684	0.816	9	良好协调
向军北里	0.446	0.566	0.650	0.978	0.680	0.815	9	良好协调
石韵浩庭	0.477	0.666	0.517	0.992	0.669	0.815	9	良好协调
金茂府北区	0.569	0.656	0.442	0.993	0.666	0.813	9	良好协调
乐成国际	0.482	0.667	0.499	0.992	0.663	0.811	9	良好协调
九龙花园	0.405	0.746	0.518	0.969	0.675	0.809	9	良好协调
首府官邸	0.462	0.691	0.488	0.987	0.660	0.807	9	良好协调
天鹅湾北区	0.330	0.789	0.585	0.934	0.697	0.807	9	良好协调
圣世一品	0.429	0.556	0.645	0.975	0.666	0.806	9	良好协调
乐成豪丽	0.498	0.631	0.492	0.996	0.651	0.805	9	良好协调

续表

小区名称	单项得分			耦合协调			协调等级	耦合协调程度
	人群需求推力	商业供给拉力	交通纽带效力	耦合度C值	协调指数T值	耦合协调度D值		
华腾园	0.420	0.694	0.524	0.979	0.662	0.805	9	良好协调
首城国际中心	0.374	0.756	0.535	0.959	0.676	0.805	9	良好协调
乐成公馆	0.528	0.430	0.449	0.948	0.676	0.803	9	良好协调
天鹅湾南区	0.319	0.790	0.582	0.929	0.691	0.801	9	良好协调
民族园9号院	0.825	0.430	0.449	0.948	0.676	0.801	9	良好协调
大西洋新城C区	0.525	0.525	0.534	0.539	0.997	0.643	9	良好协调
......								
宇达创意中心	0.029	0.314	0.160	0.494	0.155	0.277	3	中度失调
扬州水乡	0.078	0.305	0.070	0.470	0.126	0.244	3	中度失调
远洋LAVIE	0.214	0.084	0.074	0.382	0.088	0.183	2	重度失调

5分钟生活圈耦合协调度处于"良好协调"的居住小区在10分钟生活圈不再处于"良好协调",仅首城国际A区两个尺度均处于"良好协调",在第5章重点研究;在5分钟生活圈耦合协调度处于"中度失调"的居住小区有7个,在10分钟生活圈仅剩下3个,同时由于圈层尺度的扩大,其失调程度更加明显。

4.3.3 朝阳区15分钟生活圈商业设施供给水平耦合协调度

15分钟生活圈的耦合协调度与10分钟生活圈在空间位置上保持高度一致,趋向"协调"的小区变得更加"协调";而趋向"失调"的小区,随着15分钟生活圈纳入了更多人口,使得失调现象加剧。例如孙河乡的部分住区,因为周边商业设施较少,且路网不发达,随着圈层扩大,供需不平衡的问题更加严重。15分钟生活区覆盖了朝阳区全部的城市居住区其环形路网结构对耦合协调度的影响更加明显,结果见图4-29。从宏观来看,主要影响耦合协调度的是交通路网发达程度和地区商业发展水平。

耦合协调度处于高位和低位的居住小区见图4-30,可以发现15分钟生活圈和10分钟生活圈耦合协调度处于高位和低位的居住小区在地理方位上具有极高的一致性。呼家楼街道、三里屯街道和双井街道内形成了一整片耦合协调度高的社区生活

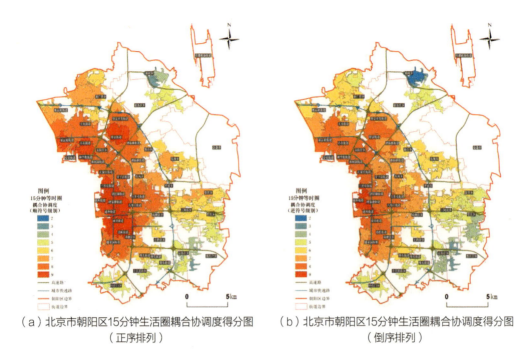

（a）北京市朝阳区15分钟生活圈耦合协调度得分图　　（b）北京市朝阳区15分钟生活圈耦合协调度得分图
　　　　　　　（正序排列）　　　　　　　　　　　　　　　　　　　（倒序排列）

图4-29　北京市朝阳区15分钟生活圈耦合协调度得分图

圈，可见生活在那里的居民商业供给水平高，交通出行便利；耦合协调度处于低位的居住小区也存在一致性，从颜色梯度可以发现，管庄乡等地区因为已经是成型的居住区，因此15分钟生活圈的耦合协调度得到一定程度中和，而孙河乡处于正在建设中的地区，其15分钟生活圈随着圈层尺度的扩大，"商业—人群—交通"之间变得更不协调。从朝阳区全域来看，还需对耦合协调度不均衡的居住小区做进一步研究，探究其供需关系和交通纽带对其的促进和抑制作用，从而提出更有针对性的提升建议。

15分钟生活圈耦合协调度高的社区比起10分钟生活圈翻倍增加，有官方资料显示北京市朝阳区已基本完成15分钟生活圈全覆盖，数据与资料基本达成一致。其中，9级"良好协调"住区有59个、8级"中级协调"住区有383个、7级"初级

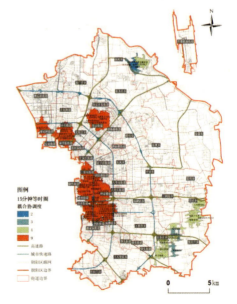

图4-30　北京市朝阳区典型居住小区
15分钟生活圈分布图

协调"住区有166个、6级"勉强协调"住区有141个、5级"濒临失调"住区有49个、4级"轻度失调"住区有11个、3级"中度失调"住区有4个、2级"严重失调"住区有2个，具体数值如表4-4所示。

北京市朝阳区15分钟生活圈的耦合协调度高位和低位社区得分表　　表4-4

小区名称	单项得分			耦合协调			协调等级	耦合协调程度
	人群需求推力	商业供给拉力	交通纽带效力	耦合度C值	协调指数T值	耦合协调度D值		
梵悦108	0.539	0.808	0.667	0.988	0.809	0.894	9	良好协调
核桃园北里	0.547	0.720	0.694	0.993	0.787	0.884	9	良好协调
中纺东里	0.481	0.732	0.678	0.985	0.757	0.864	9	良好协调
复地国际公寓	0.453	0.760	0.690	0.977	0.763	0.863	9	良好协调
光华里社区	0.406	0.829	0.693	0.957	0.775	0.861	9	良好协调
向军北里	0.504	0.656	0.695	0.990	0.742	0.857	9	良好协调
圣世一品	0.484	0.642	0.735	0.984	0.746	0.857	9	良好协调
光华路	0.491	0.711	0.654	0.989	0.741	0.856	9	良好协调
日坛北路2号院	0.515	0.723	0.612	0.992	0.738	0.855	9	良好协调
恋日国际	0.393	0.801	0.712	0.955	0.765	0.855	9	良好协调
富力爱丁堡公馆	0.479	0.681	0.670	0.988	0.730	0.849	9	良好协调
首城国际A区	0.498	0.740	0.594	0.988	0.729	0.849	9	良好协调
A派公寓	0.547	0.719	0.557	0.993	0.724	0.848	9	良好协调
乐成公馆	0.596	0.677	0.545	0.997	0.721	0.848	9	良好协调
金茂府北区	0.594	0.675	0.540	0.996	0.717	0.845	9	良好协调
首城国际C区	0.491	0.734	0.591	0.988	0.723	0.845	9	良好协调
首城国际B区	0.477	0.742	0.599	0.985	0.724	0.845	9	良好协调
呼家楼新苑	0.468	0.679	0.664	0.987	0.722	0.844	9	良好协调
乐成国际	0.543	0.720	0.546	0.992	0.718	0.844	9	良好协调
中纺里	0.463	0.697	0.651	0.986	0.722	0.844	9	良好协调
石韵浩庭	0.549	0.666	0.540	0.996	0.694	0.831	9	良好协调
世茂宫园	0.429	0.634	0.709	0.977	0.707	0.831	9	良好协调

续表

小区名称	单项得分			耦合协调			协调等级	耦合协调程度
	人群需求推力	商业供给拉力	交通纽带效力	耦合度C值	协调指数T值	耦合协调度D值		
九龙花园	0.483	0.740	0.544	0.985	0.700	0.830	9	良好协调
首城国际中心	0.424	0.763	0.595	0.973	0.708	0.830	9	良好协调
黄木庄3号院	0.453	0.749	0.557	0.980	0.698	0.827	9	良好协调
珠江帝景	0.549	0.696	0.496	0.990	0.688	0.825	9	良好协调
大西洋新城F区	0.517	0.550	0.655	0.993	0.683	0.824	3	良好协调
金港国际	0.505	0.657	0.559	0.996	0.681	0.823	3	良好协调
乐成豪丽	0.548	0.656	0.518	0.996	0.679	0.822	2	良好协调
珠江帝景新博悦	0.519	0.690	0.512	0.991	0.679	0.820	9	良好协调
华鼎世家	0.369	0.735	0.655	0.958	0.701	0.820	9	良好协调
首府官邸	0.521	0.680	0.510	0.992	0.675	0.818	9	良好协调
首城国际D区	0.473	0.660	0.571	0.992	0.674	0.818	9	良好协调
非常生活	0.449	0.719	0.550	0.983	0.680	0.817	9	良好协调
富力十号	0.553	0.618	0.552	0.998	0.667	0.816	9	良好协调
双井黄木厂6号院	0.456	0.687	0.522	0.998	0.667	0.816	9	良好协调
珠江帝景伯爵山	0.534	0.676	0.486	0.990	0.668	0.813	9	良好协调
大西洋新城C区	0.499	0.537	0.647	0.992	0.666	0.813	9	良好协调
惠新西街33号院	0.550	0.464	0.686	0.981	0.674	0.813	9	良好协调
百环家园	0.438	0.685	0.570	0.985	0.669	0.812	9	良好协调
惠新西里一区	0.530	0.497	0.653	0.990	0.665	0.811	9	良好协调
惠新西里5号院	0.557	0.454	0.680	0.980	0.670	0.810	9	良好协调
金茂府南区	0.491	0.677	0.512	0.991	0.662	0.810	9	良好协调
珠江帝景博悦	0.520	0.659	0.498	0.993	0.660	0.810	9	良好协调
惠新里小区	0.525	0.496	0.651	0.990	0.661	0.809	9	良好协调
团结湖南里	0.420	0.595	0.666	0.981	0.667	0.809	9	良好协调
风度柏林	0.494	0.694	0.491	0.987	0.661	0.808	9	良好协调
大西洋新城A区	0.499	0.536	0.627	0.994	0.656	0.808	9	良好协调

续表

小区名称	单项得分			耦合协调			协调等级	耦合协调程度
	人群需求推力	商业供给拉力	交通纽带效力	耦合度C值	协调指数T值	耦合协调度D值		
垂杨柳北里	0.473	0.679	0.517	0.989	0.658	0.807	9	良好协调
胜古北里	0.489	0.464	0.731	0.971	0.669	0.806	9	良好协调
幸福二村	0.376	0.718	0.603	0.966	0.672	0.806	9	良好协调
星海明珠	0.478	0.540	0.633	0.992	0.672	0.806	9	良好协调
富仁名苑	0.498	0.459	0.718	0.973	0.664	0.804	9	良好协调
民族园9号院	0.806	0.408	0.520	0.946	0.682	0.803	9	良好协调
樱花东街	0.540	0.432	0.700	0.972	0.662	0.802	9	良好协调
西大望路	0.366	0.683	0.631	0.965	0.666	0.802	9	良好协调
望花路东里	0.386	0.634	0.644	0.974	0.659	0.801	9	良好协调
华腾园	0.445	0.650	0.549	0.990	0.648	0.801	9	良好协调
东亚望京中心	0.334	0.697	0.668	0.948	0.676	0.800	9	良好协调
……								
宇达创意中心	0.029	0.321	0.167	0.481	0.157	0.275	3	中度失调
首开琅樾	0.113	0.143	0.096	0.877	0.083	0.269	3	中度失调
扬州水乡	0.080	0.329	0.079	0.446	0.142	0.251	3	中度失调
泰禾北京院子	0.119	0.074	0.110	0.649	0.062	0.200	3	中度失调
龙湖双珑原著	0.095	0.074	0.120	0.701	0.056	0.199	2	严重失调
首开琅樾二期	0.102	0.084	0.089	0.772	0.050	0.196	2	严重失调

4.4 耦合类型划分与耦合特征分析

以人群需求推力A和商业供给拉力B之间的关系，将居住小区划分为三种类型：需大于供型、供需平衡型、供大于需型；通过交通纽带效力C和人群需求推力A、商业供给拉力B之间的关系，将居住小区划分为交通超前型、交通同步型和交通滞后型3种类型。根据计算结果将北京市朝阳区各居住小区分为不同类型如表4-5所示。

交通指数分类体系和评判标准			表4-5
A和B的关系	供需类型	C与A和B的关系	交通类型
A>B	需大于供型	C>（A和B）	交通超前型
A=B	需等于供型	C=（A和B）	交通同步型
A<B	需小于供型	C<（A和B）	交通滞后型

4.4.1 基于5分钟生活圈构建的社区商业耦合类型评价

1. 供需匹配关系评价

北京市朝阳区居住小区所在的5分钟生活圈多数处于供给大于需求的状态，个别是供需平衡，仅有少数居住小区处于需求大于供给的情况，结果如图4-31所示。供需匹配关系受到小区自身及周边因素影响较大，多数分布不均匀且无规律，受到周边商圈或是交通路网的影响较小。因为朝阳区北部5分钟生活圈的人口规模普遍高于南部，在小关街道、亚运村街道内很多小区处于需求大于供给的状态，而其他"需大于供型"小区分布较为分散，评价结果受到自身因素影响较大。

5分钟生活圈内"需大于供型"小区有50个，结果见表4-6，远高于10分钟和15分钟内"需大于供型"小区的数量。研究发现其协调等级差异较大，部

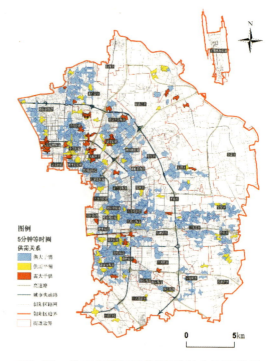

图4-31 北京市朝阳区典型5分钟生活圈供需匹配关系分布图

分社区耦合协调度高但依然处于需求大于供给的状态。这些小区多数位于望京街道、亚运村街道和三里屯街道，处于人口稠密地区，其社区商业供给水平较高，只是未能完全与人群需求相匹配。远洋LAVIE和大湖山庄两个小区其耦合协调度也偏低，调研中发现其位于孙河乡，周边设施待完善，所以此类位置偏远的新建小区现阶段也处于"需大于供"的状态。

5分钟生活圈"需大于供型"小区汇总　　　　　　表4-6

小区名称	协调等级	小区名称	协调等级	小区名称	协调等级
远洋LAVIE	4	金茂府北区	8	芍药居14号院	7
大湖山庄	4	招商嘉铭珑原	5	安苑北里	7
京润水上花园别墅	6	望京金茂府	6	华瀚国际	7
富成花园	7	大西洋新城C区	8	世纪宝鼎	7
碧海方舟	6	华严北里4号院	8	火星园	8
九章别墅	5	红玺台	8	太阳公元北区	8
CBD国际高尔夫别墅	3	亚运新新家园竹溪园	5	花家地西里二区	8
亚运新新家园清花园二期	5	和平里七区	6	富仁名苑	7
亚运新新家园静风园一期	5	峻峰华亭	9	花家地西里一区	8
和光尘樾	5	花家地西里三区	8	华亭嘉园	7
慧谷根园	6	民族园9号院	8	华严北里8号院	7
大西洋新城F区	7	华严北里3号院	9	华严北里1号院	8
亚运新新家园林澜园	5	山水文园二期	6	芍药居北里	8
大西洋新城A区	8	凌云名苑	9	都市心海岸	8
日坛北路2号院	7	西大望路铁西宿舍	7	晨光家园A区	6
深沟村1号	5	社会科学院	7	万达大湖公馆	4
安外北苑1号院	5	首开熙悦尚郡	5		

2. 交通作用类型评价

5分钟生活圈内交通作用类型多数属于"交通同步型"和"交通超前型","交通滞后型"居住小区普遍分布于五环以内,如图4-32所示。这些居住小区居住品质较高,但是周边交通拥堵、道路老化,致使形成"交通滞后"的状态,部分"交通滞后型"小区因为周边有大型公共服务设施或者铁路段,将人行路打断,增加了社区商业步行到达距离,这部分将在第5章的现状调研中结合案例小区展开论述。对比5分钟生活圈的供需匹配关系和交通作用类型在空间中分布情况,发现两者具有一致性，不同的是"需大于供型"小区具有聚集性，"交通滞后型"小区受周边因素影响较大。

5分钟生活圈内"交通滞后型"小区有18个，见表4-7，以别墅区、新建高密度小区和周边商业高度发达的小区为主。别墅区和新建高密度小区在5分钟生活圈范围内由于地处近郊区，周围较偏僻，交通呈滞后状态。周边商业高度发达导致交通呈滞后状态的小区有珠江帝景、富力十号等，其耦合协调度均偏高。

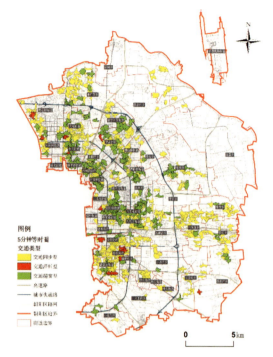

图4-32　北京市朝阳区5分钟生活圈交通作用类型分布图

5分钟生活圈"交通滞后型"小区汇总　　　　表4-7

小区名称	协调等级	小区名称	协调等级	小区名称	协调等级
扬州水乡	3	中纺里	7	珠江帝景	8
倚林佳园	5	小关东里10号院	7	安慧里二区	7
富力十号	8	珠江帝景伯爵山	8	招商嘉铭珑原	5
鸿坤花语墅	7	亚奥人家	6	中海城圣朝菲	8
山水文园四期	7	山水文园一期	7	中和家园	7
北京香颂二期	7	澳林春天一期	5	自主城	7
澳林春天三期	6				

4.4.2　基于10分钟生活圈构建的社区商业耦合类型评价

1. 供需匹配关系评价

如图4-33所示，10分钟生活圈"需大于供型"小区与5分钟生活圈相比更为集中，小区数量比其少很多，呈现高聚集性。其主要分布于亚运村街道、小关街道和太阳宫街道内，仅有少部分位于其他乡镇街道。可见这片区域人口整体需求较大，整体商业设施供给水平亟需提升，需要对这一片区居住小区的10分钟生活圈内典型社区案例的耦合协调程度做进一步分析，探究其"需大于供"的内生原因。

10分钟生活圈内"需大于供型"小区有25个，见表4-8。研究发现，小区数量比起5分钟生活圈减少一半，且很多小区在两个圈层尺度均呈需求大于供给的状态。

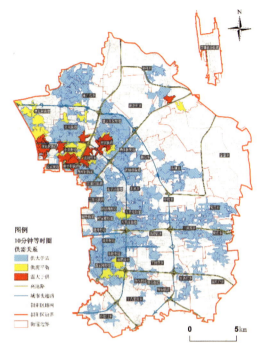

图4-33 北京市朝阳区10分钟生活圈供需匹配关系分布图

10分钟生活圈"需大于供型"小区汇总　　　　表4-8

小区名称	协调等级	小区名称	协调等级	小区名称	协调等级
远洋LAVIE	2	民族园9号院	9	安苑北里	7
富成花园	8	金隅国际	8	太阳公元北区	8
大西洋新城A区	9	鹿港嘉苑	8	花家地西里二区	8
樱花东街	8	华严北里3号院	8	富仁名苑	8
华严北里4号院	8	凌云名苑	8	花家地西里一区	8
红玺台	8	西坝河北里	8	华亭嘉园	8
峻峰华亭	8	社会科学院	8	华严北里8号院	8
花家地西里三区	8	胜古东里	8	华严北里1号院	8
华严北里小区	8				

2. 交通作用类型评价

10分钟生活圈内交通作用类型如图4-34所示，"交通滞后型"小区分布于潘家园街道、劲松街道、奥运村街道和亚运村街道内。从数据上来看，这些小区"交通滞后"的状态相对独立,并且与其周边小区交通作用类型差异较大,可能是这些小区的10分钟生活圈内存在影响交通的因素,或是其商业供给和人群需求得分过高,使得区域内呈现"交通滞后"的现象,因此需要对此类居住小区的商业设施现状和交通路网情况做进一步调研查证。

10分钟生活圈内"交通滞后型"小区有13个,见表4-9。研究发现很多协调等级为8和9的居住小区属于"交通滞后"的状态,查阅数据发现,其商业供给和人群需求得分均偏高,但是周边交通由于被公园或其他大型场所隔绝,使得中心城区内个别小区周边交通条件较弱。

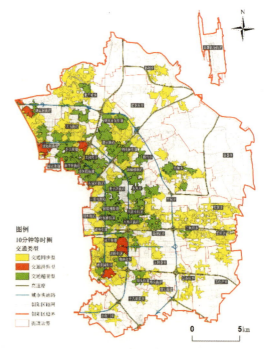

图4-34 北京市朝阳区10分钟生活圈交通作用类型分布图

10分钟生活圈"交通滞后型"小区汇总　　　　　表4-9

小区名称	协调等级	小区名称	协调等级	小区名称	协调等级
仓营村8号	3	华严北里4号院	7	华严北里3号院	8
倚林佳园	5	珠江帝景伯爵山	7	芍药居14号院	7
山水文园四期	8	华严北里小区	8	融域嘉园	5
金茂府北区	7	珠江帝景博悦	6	芍药居北里	8
珠江帝景新博悦	7				

4.4.3 基于15分钟生活圈构建的社区商业耦合类型评价

1. 供需匹配关系评价

如图4-35所示,15分钟生活圈"需大于供型"的居住小区与10分钟生活圈居住小区的分布位置大致相同,整体更向内环偏移。探究其原因,可能是靠近城市中心区,随着生活圈圈层的扩张,纳入了更多的人口,使得商业设施的供给水平不满足更大圈层人群的需要,进一步印证了商业设施分布的不均衡和不公平。亚运村街道、和平街街道、太阳宫街道此类现象尤其明显，具体的原因还需对这些地区展开后续的实际调研。

15分钟生活圈内"需大于供型"小区有30个，如表4-10所示，数量比起10分钟生活圈的居住小区数量明显增加。其实，一个居住小区所处的社区生活圈应当是三个圈堆叠而成，同时，为了减少冗余性，多个重合度高的社区生活圈会互相融合，形成由多个居住小区共同组成的社区生活圈，单纯讨论一个居住小区某一个圈层内供需情况和交通作用过于苛刻，应用于实际中是需要互相中和和互补的。但是由于融合型社区生活圈的划定标准难以统一，且部分生活圈可以融合，部分生活圈位置偏僻难以融合，会导致融合型生活圈其商业供

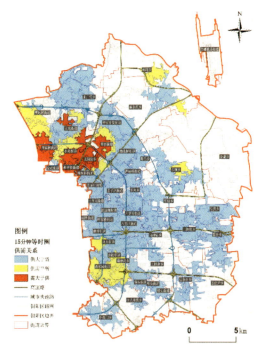

图4-35 北京市朝阳区15分钟生活圈供需匹配关系分布图

给水平一定优于单一的生活圈，而且融合的标准缺少相关文献支持。因此，为了使数据真实合理，研究单一居住小区所处的社区生活圈，去除了较多个例的干扰，使得研究结果较为理想化，对实际应用的参考价值有限，需要在现状调研中有所取舍。

15分钟生活圈"需大于供型"小区汇总   表4-10

小区名称	协调等级	小区名称	协调等级	小区名称	协调等级
富成花园	4	元大都7号	8	胜古东里	7
紫玉山庄	4	华严北里小区	5	樱花中路	7
安翔南里	6	民族园9号院	6	和平街十五区2号院	7
樱花东街	7	金隅国际	8	芍药居14号院	7
芍药居2号院	6	鹿港嘉苑	8	火星园	8
和平街十一区	5	华严北里3号院	8	太阳公元北区	8
华严北里4号院	3	凌云名苑	5	丰和园	8
红玺台	5	惠新南里5号院	6	华亭嘉园	7
和平西街1号院	5	芍药居9号院	9	华严北里8号院	8
峻峰华亭	5	花家地西里三区	8	华亭嘉园	7
慧谷根园	6	社会科学院	8	华严北里1号院	7

2. 交通作用类型评价

15分钟生活圈内交通作用类型如图4-36所示,"交通滞后型"小区主要分布于潘家园街道、双井街道和崔各庄街道内。从数据层面看,双井街道内居住小区所在的15分钟生活圈耦合协调度要高于潘家园街道和崔各庄街道,但是仍属于交通滞后性。可能是因为这一片小区周边由CBD商务区,供给远大于需求的同时,交通的联系效力较弱,具体原因还需经进一步调研分析。

15分钟生活圈内"交通滞后型"小区有4个,如表4-11所示。其中富力10号、乐成公馆、金茂府北区均位于双井街道和广渠门街道内,周边有CBD核心区,商务聚集,在15分钟生活圈范围内仍呈现"交通滞后",说明这些区域周边的人行路需要疏通和规制。

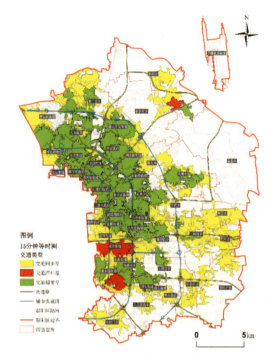

图4-36 北京市朝阳区15分钟生活圈交通作用类型分布图

15分钟生活圈"交通滞后型"小区汇总　　　　表4-11

小区名称	协调等级	小区名称	协调等级
富力十号	9	乐成公馆	9
金茂府北区	9	山水文园二期	8

4.5 宏观问题总结

4.5.1 城市发展进程中的空间分异问题

朝阳区位于北京市东部,始于二环,横跨三、四、五环,整体空间分异较为明显。从社区商业分布来看,主要是环线周边商业供给水平高于普通城市道路沿线,三里屯、望京等商务核心区高于一般居住区;从人群聚集来看,城市中心区人口密度显著高于周边,并呈辐射状蔓延;从交通情况来看,整体呈放射环式,中心区主要遵循方格网的格局，近郊区道路格局还未完整形成，或者受到大型工业园区的隔断，使得路网服务于园区的格局走势。

在城市中，社会空间是指由特定社会群体居住的空间范围，即居住空间。从一定层面上来说，居住状况已经成了社会阶层属性最好的标识。这其中包含两方面的原因，第一，经过"房价"的分选作用，城市社会空间发生了明显的分异；第二，社会阶层空间分布除了受房价的影响外，政府主导的旧城改造也发挥着重要的作用，拆迁补偿无法在市区购置房屋，只能购买政府在郊区兴建的安置住房。

基于此，会产生社会空间的分异，最为极端的状况是社会阶层在空间中出现了非常严重的分异与隔离，从而带来诸多问题，其中社会资源分配是其中的一大块。在中国的城市，各种优质资源几乎都集聚于城市中心区域，社区商业也是如此。因其商业属性，要遵循这样的市场化规律，但同时它也作为社区商业消费的载体，有为社区内居民提供日常生活消费的功能。对于一些地段不好、发展欠佳、精英阶层较少的地区而言，空间上的隔离使其减少享受优质资源的可能性，进而周边社区商业的类型和品质趋向单一。由于社区商业自身趋利避害的属性，如同"马太效应"，发展好的地区商业蒸蒸日上，发展差的地区商业每况愈下，空间分异明显，区域社区商业水平的落后不可避免。

一些欧美城市居住分化的实例也具有以上表现，个别地区的落后不仅带来了高密度、拥挤、基础商业设施匮乏等城市环境方面的问题，也引发了一系列社会矛盾，诸如犯罪率增高、失业、严重依赖福利政策等。在城市发展中三大趋势其实是一致"向心"的，一是农村向城市，二是小城市向大城市，三是大城市的郊区向中心城区。视角转向社区商业，其会受到交通情况和地区发展水平等因素倾向集聚于城市中心区，人口流动趋势也与之对应。

4.5.2　社会不公平与资源分配不均问题

当前社会的主要矛盾是"人民日益增长的美好生活需要和不平衡不充分的发展之间的矛盾"。不平衡不充分的发展是指在某些领域、某些地区的资源分配不足，导致有些地方缺乏可持续的发展，一部分人无法满足基本的需求，同时也会造成资源的浪费和不必要的损失。在这种不平衡不充分发展的背景下，当前面临的矛盾就是，人们更多渴望享受美好生活，但是在现实中，这种需求却无法得到充分的满足，而这种矛盾的解决需要政府、企业和个人的共同努力。

从社区商业设施来谈社会不公平与资源分配不均问题，是具有局限性的。因为商业有其自身的调节机制的，政府干预能力有限，但政府可以通过加强商业设施建设，从供需角度进行调节，提高资源的配置效率，实现一定程度上的供需平衡，同时市场的调节机制也具有这样的功能。

当前，我国在经历粗放型经济发展模式后成为世界第二大经济体，现阶段发展的不平衡问题日益严重，要在遵循经济发展规律的同时，不做重复无效性建设。欧洲的区域分割和市场分割带来的低效率与不平衡已经给我们带来启示，一定要打破城市与城市间的分割，走向均等和效率并行的发展道路。近些年，畅通市场要素，建立全国统一大市场的政策导向日趋明显，在一个完全自由流动的市场，随着时间维度的展开，终将走向平衡，即使是"供大于需"市场状态在动态发展中也会达到平衡。社区商业和人群的流动也遵循这样的发展规律，无数个体商户通过自由选择后走向平衡。但与此同时，中央有着强大的调控力度，拥有可以打破规律的制度优势。如今，大城市需要持续吸纳人口，扩大人口红利，那么与之相对的公共服务设施的提升空间极大。尤其当前第三产业服务业所占比重巨大，社区商业应当首先实现区域平衡，让居民有平等机会获得基础商业。在人口密集区才有其快速发展的土壤，北京作为发达城市应当持续完善生活圈建设、大力发展社区商业、缓解区域间不平衡、给予居民人文关怀，来聚集更多人口，实现规模经济。

4.5.3 市场调节与政府干预的矛盾问题

在城市大规模扩张的过程中，不少新建小区注重商品住宅规划和建设，但对于与其相配套的商业设施却缺乏足够的重视；部分老旧小区商业设施更新速度滞后于消费升级。与此同时，经济发展的"二八定则"也体现在社区商业的区域布局上，即社区商业供给水平高的地区渐入佳境，供给水平低的地区江河日下，程度的积累需要时间才能显现其不平衡的危害。如果社区商业开在效益低的区域，商户会选择通过搬迁、调整商业服务类型、服务品质来寻求可行方法弥补经营损失，但无论是政府调节还是市场反应，都具有一定的滞后性，过度干预会导致发展受阻，放任其自由生长，又会在不断试错中导致资源浪费。如何能够高效界定社区商业的供需匹配问题，是需要社会学、经济学、城市规划学多个学科共同基于自身理论体系研究探讨的。

"离消费者越近，离竞争就越远"这是经商的黄金铁律，也是社区商业受到青睐的重要原因。市场调节是顺应时代的转型，政府主导可以巧妙填补空白，可以从当前社区商业明显存在的三大问题来探讨两者的有机结合。

一是社区商业难以满足居民消费需求。突出表现为"三多三少"，即传统业态多，现代业态少；购物类多，服务类少；集约经营多，现代流通少。

二是缺少较为完善的社区商业规划。因为缺乏整体统筹协调，出现一些地段配套不足，另一些地段又配套过度。一些新社区配套设施跟不上，但在成熟居住区内，因商业自身具有聚集性，大型综合超市等商业设施又扎堆开设，既导致社会资源浪费，又给社区交通、环境等带来负面影响。

三是整体管理存在缺位现象。目前，不少地方的社区商业处于无序发展状态。一些带有一定公共服务性质的微利行业供需矛盾突出，以次充好、漫天要价、服务不规范等时有发生，亟待有关部门加强管理。

近两年来，伴随着消费环境的变化，与社区居民近距离的社区商业成为消费的排头兵。社区商业作为一项民生工程，政府也在大力推动社区商业网点的布局。另外，社区商业的快速发展还有一个特殊背景，北京市自2017年开始的"疏解整治促提升"专项行动。一些传统批发农贸市场被疏解，一些违规的开墙打洞的社区门脸被整治后，自然需要具备生活配套服务功能的便民商业服务，以满足居民的日常生活需求。在这些利好政策的推动下，北京市的社区商业也获得了快速发展的机会，大量的便民服务网点进入社区，但是在空间布局上却并不均衡，部分社区的商业网点依然缺乏，居民的生活很是不便。可以说社区商业作为一种商业设施不同于其他公共服务设施完全由政府主导，社区商业需要考虑所处地段、交通情况、人群因素以及周边社区情况等等因素，当前缺少关于直观数据反映区域人口情况与社区商业供给之间关系的研究。当然，很多品牌商业在选点前会做市场调研，了解客群画像，但是多数的社区商业缺少前期调研的部分。因此，政府干预意义重大，政府需要有宏观意识帮助市场做二次调节，从供需视角去缓解社会不公平和资源分配不均的问题。

4.6 本章小结

本章运用耦合协调发展模型对北京市朝阳区内1386个居住小区进行应用研究。首先剔除不符合研究前提的居住小区571个，针对剩余的815个居住小区划定其5分钟、10分钟和15分钟生活圈，对每个圈层尺度下的研究数据进行爬取和计算，将数据置入耦合协调发展模型，得出815个居住小区在5分钟、10分钟和15分钟生活圈的商业设施供给水平耦合协调度，通过观察不同圈层尺度下不同协调度的居住小区地理空间分布情况，从宏观视角探究其成因；然后对居住小区的供需关系和交通类型进行界定，分别对三个圈层尺度下居住小区的供需匹配关系和交通作用类型进行计算，分析北京市朝阳区"需大于供型"小区和"交通滞后型"小区的空间分布情况。最后总结了当前朝阳区社区商业主要存在的宏观问题，包括城市发展中的空间分异、社会不公平与资源分配不均、市场运作与政府主导存在矛盾等问题。后续的研究将从微观视角入手，针对本章提及的耦合协调度呈高位和低位的典型案例小区，依据特定的社区类型、不同的供需关系和交通情况进行分类，开展实地调查研究，提出针对空间形态的提升建议。

第 5 章
典型案例小区的耦合协调关系研究

5.1 "商业—人群—交通"自身特点分析

在第4章宏观地理区位研究基础上,将视角转向微观空间尺度,寻找典型案例小区,进一步分析社区商业现状,为宏观研究提供具象化依据。针对典型案例小区的耦合协调研究分为两大板块,一个板块是针对"商业—人群—交通"自身特点的讨论,因本书研究重点是供需匹配,因此仅从需求侧和供给侧两端研究商业设施的供给水平和特点;另一板块是探究"商业—人群—交通"三者的耦合关系,包括供需关系和交通作用,通过4.4节可知,分为"供大于需""需大于供""交通超前"和"交通滞后"四种类别,分别选取典型案例小区进行论述。

5.1.1 按"人群需求推力"划分

宏观研究主要将人群需求指代为人口数量、人口密度和购买力,缺少对在地居民的属性特征做进一步界定,不同类型居住小区所处社区生活圈内居民需求是存在差异的,但是因为社会和经济属性的数据难以获取。即使拿到了居民的需求数据,从统计学来看,因样本量过少并不能代表一个居住小区所有居民的消费需求。其实小区自身的居住条件在一定程度上可以反映居民的需求分异,因为居住小区涵盖了生活在此处居民的集合,因此可以按照建成年代和居住密度将小区类型细分为新建小区和老旧小区、高密度小区和低密度小区。分别选取耦合协调度高和耦合协调度低的典型案例小区,从微观视角展开研究,如表5-1所示,通过对不同建成年代和不同居住密度的调研,有针对性地发现影响耦合协调度的因素。

从需求侧出发的案例小区汇总　　　表5-1

划分依据	社区分类	社区名称	
		耦合协调度高	耦合协调度低
建成年代	新建小区	保利中央公园	恒大领寓
	老旧小区	新源里东小区	管庄东里小区
居住密度	高密度小区	首城国际中心A区	北京像素南区
	低密度小区	北京壹号院	首开琅樾二期

1. 新建小区典型案例商业现状

新建小区所处的三级生活圈耦合协调度均呈高位的小区是保利中央花园(归属望京街道),耦合协调度均呈低位的是恒大领寓(归属豆各庄乡),如图5-1所示。

(a) 保利中央花园　　　　　　　　　(b) 恒大领寓

图5-1　新建小区所处社区生活圈商业设施分布图

从生活圈形态来看，保利中央花园所处社区生活圈呈椭圆形，东部距离机场高速和北五环距离较远，所以生活圈没有被高速路割裂，社区生活圈布局匀称合理。恒大领寓所处社区生活圈因为被高速路隔断，形状偏向十字形，即使道路网密度高，但是居民到达更远商业设施的可达性差。对于居住在恒大领寓的居民而言，其5分钟生活圈范围内商业设施极少，10分钟和15分钟生活圈内只有东部和北部设置商业设施，整体分布不均，其周边社区生活圈不完善。

从业态分布来看，保利中央花园商业设施在三级生活圈内都有分布，圈层尺度越小，商业设施越分散。在15分钟生活圈中可以到达望京SOHO和新荟城购物中心，因此西南角商业设施密集且集中，业态类型以餐饮和生活服务为主，辅以购物服务，其他类型少量分布。恒大领寓的业态类型以生活服务为主，其北部是一片文创园，整体来看缺少基础保障类商业设施。因为餐饮服务倾向于人口密度大、商业设施密集、交通便利的区域，此处不符合以上条件，因此餐饮类商业较少。

对两个居住小区进行实地走访、调研发现，两个新建小区自带的底商风格统一，数量合理，店铺外立面陈设较新。但差异是保利中央花园底商以餐饮为主，品牌较多，路边有专门的电动车和共享单车停放点，很多快递员在等候休息，如图5-2（a）所示。保利中央花园属于高档小区，小区地面连同周边底商整体抬高，与市政道路产生一定的高度差，有利于景观的打造，同时提高了小区整体的私密性和居住的纯粹性。对社区商业而言，有利于人车分流、防止雨天内涝、防潮除湿，底商地基高也可凸显其品质，如图5-2（b）所示。

恒大领寓同属于新建小区，与保利中央花园不同的是其社区底商类型以生活服务为主，餐饮服务较少，餐饮品牌较少。店铺包括美容美体、宠物服务、烟酒商店等，如图5-3（a）所示，人气不足，未见外卖员身影。但整体规划合理，小外围商铺门前

（a）共享单车停放处　　　　　　　（b）社区底商台地

图5-2　保利中央花园周边商业设施现状图

空地干净整洁，不显局促、停车方便，足见生活品质尚佳，如图5-3（b）所示。保利中央花园和恒大领寓由保利集团和恒大集团开发，两者都是高档的房地产品牌，社区配套完善、居住环境舒适，但是社区商业的发展受到多方面影响，从社区生活圈视角来看，保利中央花园的完善度明显高于恒大领寓，且周围有望京商务区这类大型商圈，在15分钟生活圈内配备大型购物中心，使得社区商业整体呈现良性发展，而后者活力稍显不足。

（a）烟酒类底商较多　　　　　　　（b）社区底商周边环境

图5-3　恒大领寓周边商业设施现状图

2. 老旧小区典型案例商业现状

老旧小区所处的三级生活圈耦合协调度均呈高位的小区是新源里东小区（归属左家庄街道），耦合协调度均呈低位的是管庄东里小区（归属管庄乡）（图5-4）。

从生活圈形态来看，耦合协调度高的老旧小区与新建小区具有一致性，步行15分钟路径范围近圆形，与耦合协调度低的老旧小区相比可以囊括更大步行范围。同时新源里东小区5分钟和10分钟生活圈可以完整覆盖周边的社区商业，通达性好；管庄东里小区整体呈长条形，面积大，使得5分钟步行范围只能出小区大门，10分钟步行范

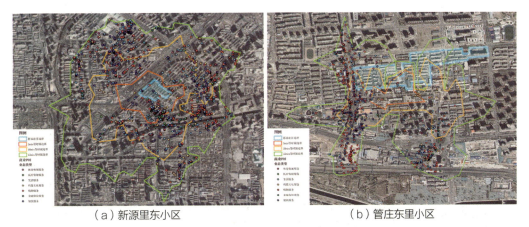

(a) 新源里东小区　　　　　　　　(b) 管庄东里小区

图5-4　恒老旧小区所处社区生活圈商业设施分布图

围才可到达最近的商业街，因为生活圈是以小区质心为原点绘制等时圈，所以对于面积较大的小区而言，实际的步行时间会比理想化等时圈划定的步行时间要长。

从城市肌理来看，新源里东小区处于大型居住区内，符合"小街区、密路网"的道路格局；管庄东里小区地处管庄乡，区域内有朝阳路、京通快速路等通往通州的高速公路，使得街道内的居住区被道路隔断，且管庄东里小区位于朝阳路和京通快速路两者距离最窄的地段，两段路间夹着科技产业园，区域整体规划混乱，社区商业无法像新源里东小区一样均等化分布。

从业态分布来看，新源里东小区商业设施平均分布于三级生活圈内，餐饮、购物、生活服务数量均衡。北部有三源里菜市场和小型购物中心，西南部需要走10~15分钟跨越过街天桥达到国际展览中心所在的居住区，因新源里东小区紧邻高速路，可以通过天桥直达对面，所以10分钟和15分钟生活圈的辐射范围基本不会受到机场高速的阻隔作用影响。但社区商业并不是衡量社区生活品质的唯一标准，高速公路存在很大的噪声和灰尘污染问题，特别是对于楼层低的老旧小区来说，商业设施耦合协调度高证明此处社区商业与人群需求相协调、生活便利，但并不等同于宜居。从建设条件来看，新源里东小区比较小，可容纳889户居民，于1957年建成；管庄东里小区占地面积大，可容纳3142户居民，于1954年建成。两者相比，管庄东里小区占地面积狭长，没有被生活圈完全覆盖；新源里东小区居民人均占有社区商业面积要显著高于管庄东里小区。

对两个居住小区进行实地走访、调研发现新源里东小区周围餐饮、购物和生活服务非常丰富，京客隆集团位于该小区附近的商业内街，这条街同时开设了三家京客隆超市，最大的一家如图5-5（a）所示。老旧小区建设年代早，没有统一规划的社区底商，但是在生活道路的沿街立面开设了类型丰富的社区商业，好处是可以动静分离，既有商业街氛围，居住小区又能安静不受打扰，但是此类居住区道路狭窄，会存在商业门前无处停车的现象，需要进一步规划静态交通。同时因为毗邻使馆区，附近的三源里菜市场经过改造成了一处网红菜市场，卖的蔬果食材相对国际化、品质佳，如图5-5（b）所示，极大地满足了居民的品质消费需求。

（a）大型京客隆超市

（b）三源里菜市场

图5-5　新源里东小区所处社区生活圈商业设施现状图

管庄东里小区附近也有一条单边商业街，不同于新源里东小区商业设施的"自发生长"，这里的商业门面风格一致、类型丰富，是经过政府统一规划的，如图5-6（a）所示。但是管庄东里小区虽然紧贴着商业街，却没有对商业街开设小区出入口，致使该小区居民想要达到商业街需要绕较远的路。作为老旧小区，该小区道路规划不合理，南部整片与中国建筑材料科学研究院家属院接壤，道路不对外开放，而且封闭式大院占用大片土地造成路网稀疏，交通路径可选择性较小。过度密集的居住方式使人均道路面积变小，道路连通周边社区商业的机会变少，道路可达性差，如图5-6（b）所示。南部为北京科技大学管庄小区，占用了一半临街界面，使得该小区出行不便，因此即使规划了商业街，也难以构建覆盖整个小区的一刻钟便民生活圈。

（a）单边商业街

（b）研究院家属院内部道路

图5-6　管庄东里小区周边商业设施现状图

3. 高密度小区典型案例商业现状

社区商业会倾向于选址在人流密集的区域，但不意味着高密度小区的商业密集程度普遍较高，因为它会受到区域整体发展水平、道路交通等条件的影响，对于高密度小区也需要针对耦合协调度高和耦合协调度低的居住小区开展比较研究。首城国际中心A区（归属双井街道）是5分钟、10分钟和15分钟生活圈耦合协调度均处于高位的居住小区，北京像素南区（归属常营街道）则均处于低位（图5-7）。

(a) 首城国际中心A区　　　　　　　(b) 北京像素南区

图5-7　高密度小区所处社区生活圈商业设施分布图

从生活圈形态来看，首城国际中心A区的生活圈呈现蝴蝶形，原因是在北部设有北京东站的渡口，有着服务于火车转向的近圆形轨道，因此15分钟生活圈受其影响被分流开来。同时该小区临近武圣路，沿此路往南走15分钟，可以到达比其他方向更远的距离，囊括更多社区商业。北京像素南区位于东五环外，建筑造型像蜂巢，10栋楼容纳了5054户，属于高密度商住两用小区。随着小区基础设施逐渐老化，房价不再保值，在这里生活的更多是租客。北京像素南区的东北侧是地铁五里桥车辆段，用于车辆的检修、维护等，小区15分钟生活圈东北部以车辆段、公园、施工空地为主，几乎没有社区商业，西南部属于居住区。因小区位于大型居住区一侧道路夹角处，作为高密度小区，北京像素南区居民人群商业需求较强，但商业供给有限，同时因其位于交通车辆段附近，导致此处成为耦合协调度低的高密度小区。

从城市肌理来看，首城国际中心A区路网方正、可达性高，可以无形中扩大同等时长的步行最远距离。且其位于居住区中部，可以同其他居住小区共享周边社区商业。北京像素南区周边未形成完整的道路网格局，还需继续对周边进行进一步规划。

从业态分布来看，首城国际中心A区因毗邻CBD商务区，周边业态非常丰富，购物服务聚集，生活和餐饮服务均等地分布于生活圈内，该小区因地处东三环和东四环中间，两条环线周边密集的商业区都可以被该小区15分钟生活圈所覆盖，所以即使是高密度小区，人群需求推力、商业供给拉力与交通纽带效力三者之间也能实现高度耦合协调。北京像素南区居住密度要显著高于首城国际中心A区，商业业态形成了"线式聚集"，未像首城国际中心A区形成的"面式聚集"，且周边各类建设用地复杂、路网稀疏。对两个居住小区进行调研发现，首城国际中心A区作为高密度小区，小区占地面积不大，在沿街的东向和南向开设两个出入口，两个出入口附近设置了两层的商业配套裙房，一层规划了小面积商铺，二层以大体量餐馆为主，如图5-8（a）所示，该小区与外部空间的连接相对开敞、不封闭，社区商业与道路间距17米左右，设置了绿化带和电动车停放点，街道空间开敞度适宜。在15分钟生活圈范围内包括家乐福、合生汇、富力广场等多个大型购物中心如图5-8（b）所示，可以满足居民多样化的商业需求。

（a）商业配套裙房

（b）合生汇购物中心

图5-8 首城国际中A区周边商业设施现状图

通过调研发现，北京像素南区在超过15分钟生活圈范围之外，有长楹天街和华联两大购物中心。将两个小区做对比，发现首城国际中心A区15分钟生活圈覆盖面积为2.036平方千米，北京像素南区15分钟生活圈覆盖面积1.77平方千米，因此路网的不协调导致了其生活圈覆盖范围变小，居民需要走更久的时间才能到达临近的购物中心。北京像素南区因为属于商住两用房，所以居民楼的一层可以直接朝马路开设店面，如图5-9（a）所示。这对于底层带有商业的住宅，有利有弊，好处是为生活提供了极大的便利，但是弊端是存在卫生和噪声问题。虽然社区商业与道路间距与首城国际中心A区相近，但是居民楼临近马路，并在路边设有围栏，整体的开敞度和通透性不如首城国际中心A区，如图5-9（b）所示。

4. 低密度小区典型案例商业现状

低密度小区普遍是指限高18米，容积率小于1.5的独栋房屋、独立别墅以及多层

(a)北京像素南区　　　　　　　　（b）商业配套裙房

图5-9　北京像素南区周边商业设施现状图

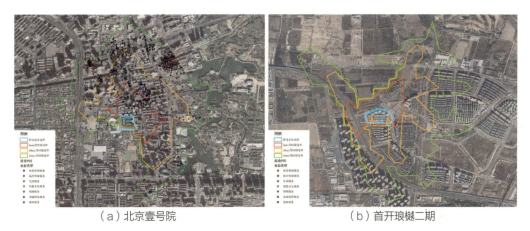

(a)北京壹号院　　　　　　　　（b）首开琅樾二期

图5-10　低密度小区所处社区生活圈商业设施分布图

房屋和它的衍生产品。此类小区容积率低，居住舒适度高。通过研究此类住区的社区商业供给水平，选取北京壹号院（归属麦子店街道）为耦合协调度高的低密度小区，首开琅樾二期（归属建国门街道）为耦合协调度低的低密度小区，如图5-10所示。

从生活圈形态来看，北京壹号院西南角一大片地其15分钟生活圈未能覆盖，这片地是全国农业展览馆和东枫国际体育园，从北京壹号院向东400米可到达朝阳公园。因其处在文旅场馆和4A级旅游景区之间，且小区周围基本为单向居住区内部道路，周围紧邻小区以围墙为分割，社区商业较少，而其耦合协调度高的原因是东北部有蓝色港湾，西北部有燕莎友谊商城，都在15分钟生活圈所覆盖范围内，使其社区商业供给水平在同类低密度小区中处于高位。其实，对于生活在低密度小区的居住人群，风景优美、生态环境优越、居住环境安静且隐私度高，比起社区商业分布的丰富和广泛，更能吸引他们入住。因此在东三环与东四环之间的低密度小区需要关注的是其周围其他的公共服务设施的分布，比如教育、医疗资源等。首开琅樾小区二期属于低密度小区，社区生活圈不规则，主要沿着路网延伸生活圈。此处属于还未规划完善的高端居住区，东南部为已经开发的高端住宅和大片空地，北部大片为待完整规划的用地，现状是高尔夫球场、大片棚户区、工厂企业和基础农田，缺少商业以及公共服务设施的配置，因此耦合协调度低。

从城市肌理来看，两个低密度小区周边差异明显。北京壹号院周边路网密集、疏密有度，居住区肌理既具有和谐性和统一性又具有多样性和有机性；首开琅樾二期位于孙河乡，孙河乡整体建筑密度与人口密度偏低，拥有明显的城市别墅区属性，有"北京高端生态居住区"的标签，是全北京唯一一个先整体规划后开发的豪宅板块，已建成的城市居住区肌理规整、严整，住宅楼排列整齐。首开琅樾二期周边包括大片未开发的地块，有些处于拆迁完毕还未开始建设，有些则是大片空地尚未规划，甚至有些道路还未修整，规划中的商业、公园和学校等配套设施还未成型，全部处于在建阶段，公共交通不发达，但是从城市肌理来看，前瞻性规划雏形已初步形成。

从业态分布来看，北京壹号院周边购物服务集中于购物中心内，餐饮和生活服务分布均匀；首开琅樾二期周边购物和餐饮类服务极少，在10分钟生活圈内零星分布生活服务，可以说在步行15分钟范围内商业供给几乎为零，目前来看，未形成一刻钟便民生活圈。

调研发现，北京壹号院只有东北角的小区大门是面向道路的，其四个边界均与其他小区紧邻但不联通，没有道路分割，小区私密性高，周围没有社区底商和临街商铺；远一些的社区商业零星分布于城市支路上，社区商业供给主要来自于两个大型购物中心。首开琅樾二期周边道路路域环境优美，两侧绿化条件优越，未设置社区底商，居住小区环境静谧、舒适，虽然耦合协调度低，但是居民外出主要是遛狗或者散步，没有发现居民通过步行去特定场所消费，多数居民以私家车出行为主。

5.1.2 按"商业供给拉力"划分

商业布局分为两类，包括社区底商和集中式商业。社区底商倾向于沿街线型铺展，商业街主要分布在步行线和交通线上，由此引发了人车混杂、交通拥堵、嘈杂扰民、乱停乱放、安全性不高等诸多问题。集中式商业与传统的商业有很大不同，它摒弃分散式销售商业，更侧重于一站式服务的打造和合理的业态配比，为消费者提供更方便快捷的消费场所，不仅能逛街购物，还能减少出行消耗的时间。相互消费促进各种类型商业优势在空间上的联合，会产生1+1>2的综合经济效应。但是缺点是受众单一，商业过于集中、风险过大，每个商铺受整体商铺环境影响大。社区底商和集中式商业可以分别选取典型案例小区进行讨论，如表5-2所示。

从供给侧出发的案例小区 表5-2

划分依据	社区分类	社区名称	
		耦合协调度高	耦合协调度低
商业布局	社区底商	弘善家园	富力又一城C区
	集中式商业	汇成家园	双桥小区
业态类型	基本保障类服务商业	朝阳雅筑	扬州水乡
	品质提升类商业	华阳公寓	中国昊华

1. 案例小区分散式商业现状

在以社区底商为主的案例小区中，各圈层尺度下耦合协调度均呈高位的小区是团结湖南里小区（归属团结湖街道），耦合协调度均呈低位的是富力又一城C区（归属豆各庄乡），如图5-11所示。

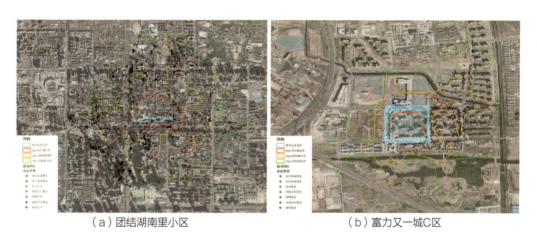

（a）团结湖南里小区　　　　　　　　（b）富力又一城C区

图5-11　案例小区所处社区生活圈社区底商分布图

生活圈形态来看，团结湖南里小区和富力又一城C区的生活圈形态极大受到交通路网格局影响。团结湖南里小区5分钟、10分钟和15分钟生活圈的形状呈锯齿状，包含了周边的主要道路。小区在生活圈的中心，去往周边社区底商的通达性较好，方格网道路使得15分钟生活圈面积达到2.659平方千米，远高于富力又一城C区的1.199平方千米。富力又一城C区周边未开发完善，生活圈形态不规则，主要覆盖建成区的主要道路，但是道路可选择性较低，且生活圈外围相对独立，不与其他成熟住区相连。

从城市肌理来看，团结湖南里小区的建筑密度显著高于富力又一城C区，同时依托于完整、成熟的住区，其商业设施更加完善。富力又一城C区位于东五环外，周围有马家湾湿地公园、萧太后河公园，居住区分布较为松散，未形成完整的社区生活圈。

从业态分布来看，团结湖南里小区社区商业分布较为均匀，围绕着主要道路、商务区周边、居住小区边界布设社区底商，靠南侧两处社区商业集中的地区是嘉里中心和中央电视台周边。社区商业的丰富不仅考虑到了居住区的需求，办公人群也是巨大的消费群体。此地的社区底商分散是为同时迎合居住和办公人群，因为团结湖南里小区周边闲置空地不足，无法兴建大型集中式商业，而商业倾向于开设在人流量大的地区，因此在空间有限的区域内，社区商业小而密，各自相对独立、类型多样，此地的商业供给水平在持续发展和更新。富力又一城C区周边以新建小区为主，社区商业主要是开发商在每个小区裙房统一配备，社区商业围绕小区四周道路，以餐饮、购物、生活服务为主，少量医疗服务，主要分布于5分钟和10分钟生活圈内，主要为在地居民专属配置，在15分钟生活圈内因为没有其他居住区，社区商业零星设置。整体来看，此处商业供给水平较弱，还需要随着城市住区的开发，丰富社区商业的数量和类型，与周边形成互动关系。

2. 案例小区集中式商业现状

在以集中式商业为主的案例小区中，各圈层尺度下耦合协调度均呈高位的小区是汇成小区（归属劲松街道），耦合协调度均呈低位的是双桥小区（归属三间房乡），如图5-12所示。

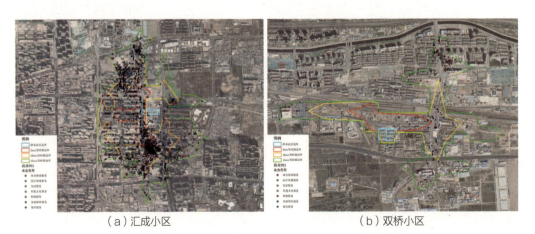

（a）汇成小区　　　　　　　　　　（b）双桥小区

图5-12　案例小区所处社区生活圈集中式商业分布图

从生活圈形态来看，汇成小区15分钟生活圈边缘受到道路格局的影响。东北侧是京城森林公园，东侧是星河湾生态公园，使得东侧的生活圈不如西侧的完整。因为受到大型公园的阻隔，这一侧生活圈只能遵循道路形态布局，同时因为小区出入口开设在西侧，小区位于十字形道路中心处，5分钟生活圈的范围主要是沿着道路三个方向所覆盖的区域，包含了很多沿街底商小区，依靠沿街底商提供商业供给。双桥小区15分钟生活圈呈现十字形，因为双桥小区处于铁路段附近，周边的道路被铁路隔断，缺少如同毛细血管的人行路，使得生活圈形态完全受制于铁路和车行路的走势，居住在此处的居民步行15分钟只能沿着车行路两侧人行道行走，而车行路两侧商业设施匮乏，未形成完整的生活圈格局。

从城市肌理来看，汇成小区周边大多数区域有密集居住区肌理，板式建筑排列严整，小型社区底商在沿着建筑排列，用地东北侧因为有大型公园，所以周边生活便利性较弱，商业设施匮乏。双桥小区是靠近铁路的小区，存在着噪声和灰尘污染，周边较为空旷，难以形成社区生活圈，商业因趋利避害的特性不会选择在此处开店，周边配备的铁路检修段、工务段等大型厂房也使得此处社区商业难以持续发展，仅有维持基本生活的个别底商。

从业态分布来看，汇成小区西侧的商业沿着建筑分布，均匀且分散地排布于居民楼四周。汇成小区往南走200米是朝阳大悦城，作为集中式商业类型，商业种类和数量非常丰富，集购物、餐饮、娱乐、文化、健身、休闲等六大主题于一体，业态类型较为平均，各类商户共有400余家。朝阳大悦城作为集中式商业，极大缓解了朝青板块商业严重不足的现状，惠及周边居民，带动此地发展形成"中央生活区"，并实现良性循环，让更多年轻人在此安家置业。双桥小区周边商业设施极少，在15分钟生活圈的最北侧有一个通双里农贸市场，满足居民的基本生活需求，但是日常生活便利度较差。

3. 案例小区基本保障类商业现状

在周边以基础保障类商业为主的案例小区中，各圈层尺度下耦合协调度均呈高位的小区是朝阳雅筑小区（归属八里庄街道），耦合协调度均呈低位的是扬州水乡小区（归属黑庄户乡），如图5-13所示。

从生活圈形态来看，朝阳雅筑生活圈覆盖面积大于扬州水乡，小区位于生活圈的中心，可以从各个方向出发到达周边的设施点，生活圈面积得到极大延展。扬州水乡属于别墅区，小区面积很大，从小区正门出去后，5分钟生活圈范围内商业设施较少，10分钟和15分钟生活圈范围内商业设施更少，且如此大的居住小区出入口过少，对居民的外出造成不便。

(a) 朝阳雅筑小区　　　　　　　　(b) 扬州水乡

图5-13　案例小区所处社区生活圈基本保障类商业设施分布图

从城市肌理来看，朝阳雅筑周边既有新建小区也有老旧小区，疏密结合、高层住宅和低层住宅混合，东北侧有一片待拆改的棚户区，15分钟生活圈内住房类型混杂。扬州水乡所处15分钟生活圈内有别墅区、村庄和一些厂房工业区，周边一些大型楼盘正在兴建，道路规划不完善，小区与村庄之间以围墙分割，缺少生活道路，生活便利性不足。

从业态分布来看，朝阳雅筑同汇成小区一样，位于朝阳大悦城周边，与大悦城仅有一条马路之隔。朝阳大悦城零售品牌占据58%，周边业态包括美食餐饮、商场购物、生活服务、体育休闲等，以基础保障类为主，区域商业较为成熟，对于基本的餐饮、购物和生活服务都可以满足，在青年路一侧分布餐饮、服装、面包房、市集、银行、营业厅等基本保障类商业设施，另一侧为健身房、艺术中心、英语培训、养生馆等品质提升类商业设施，业态区分度高方便管理。扬州水乡的商业设施主要分布于小区出入口附近，也就是5分钟生活圈的范围，主要服务于该小区和它旁边郎辛庄村的住户；餐饮服务较少，以快餐为主，缺少主题餐厅，购物服务偏多，以超市和便利店为主，生活服务主要是美发、快递、诊所和汽车维修行。因为5分钟生活圈内交通闭塞，基本商业的自身定位就是满足周边居民的需求，因此没有品质提升类商业选择在此处开店。

4. 案例小区品质提升类商业现状

在周边以品质提升类商业为主的案例小区中，各圈层尺度下耦合协调度均呈高位的小区是华阳公寓（归属潘家园街道），耦合协调度均呈低位的是中国昊华小区（归属和平街街道），如图5-14所示。

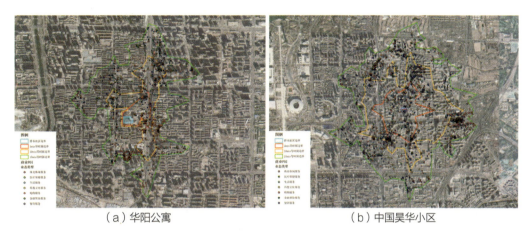

(a)华阳公寓　　　　　　　　　　　　(b)中国昊华小区

图5-14　案例小区所处社区生活圈品质提升类商业设施分布图

从生活圈形态来看，华阳公寓位于东三环南路西侧，三级生活圈都沿着东三环南路在南北方向延展，整体形态呈鱼骨型，15分钟生活圈覆盖的面积为1.374平方千米，日常生活较为便利。中国昊华小区从生活圈形态来看相对完整，15分钟生活圈覆盖的面积为2.739平方千米，中国昊华小区所处生活圈面积远大于华阳公寓，另外中国昊华归属的亚运村街道内人口密度较高，使得中国昊华小区耦合协调度较低，未能与人群需求形成匹配。

从城市肌理来看，两个小区都处于大型居住区靠中心的位置，在15分钟生活圈内可以共享其他小区的社区商业，华阳公寓所处生活圈主要围绕东三环，中国昊华小区位于十字路口中心，其生活圈呈十字展开，周边的居住区较为均质。

从业态分布来看，两个小区周边都是以品质提升类商业为主的，华阳公寓周边有潘家园眼镜城和潘家园旧货市场，使得购物服务较为丰富，餐饮服务和生活服务在此基础上少量配置，沿着东三环和次要道路排布。中国昊华小区周边因为有多个购物中心，形成多个商业聚集点，商业业态较为丰富，品质提升类居多。

5.2　"商业—人群—交通"耦合关系分析

耦合协调度是结合人群需求推力、商业供给拉力、交通纽带效力得到的协调程度指数，每个居住小区耦合协调度可能相近，但是各项一级指标所反映的实际情况却不尽相同。耦合协调指数反映"商业—人群—交通"三者的耦合协调程度，但是缺少对三者之间是何种关系的研究，供需匹配关系可将小区分为"供大于需型"小区、"需大于供型"小区和"供需平衡型"小区。交通与供需之间的关系借用电力学中电压与电流之间"超前"和"滞后"的概念,与电力系统不同的是电力输送需要实时功率平衡,否则会有安全隐患,且由于难以储能,需要实时供需平衡。而商业供给与居民需求没有对精度和时效有如此高的要求,因此借鉴这个概念来更清晰把握交通作用对社区生活圈商业设施供给水平的影响,分为"交通超前型"小区、"交通同步型"小区和"交通滞后型"型小区。将以上类别分别选取典型案例小区进行实地调研,样本小区如表5-3所示。

从"商业—人群—交通"关系出发的案例小区   表5-3

划分依据	社区分类	社区名称
供需水平	"供大于需型"小区	和平西街一号院
	"供小于需型"小区	华严北里3号院
交通情况	"交通超前型"小区	惠新西街南里5号院
	"交通滞后型"小区	保利嘉园三区

5.2.1 按供需匹配关系划分

针对供需匹配关系的研究分为"供大于需型"小区与"需大于供型"小区。"供大于需型"小区是指商业供给推力大于人群需求拉力,小区商业设施现状条件可以满足人群需求,在三个圈层尺度下都呈现"供大于需"的小区中择优选择和平西街一号院作为研究案例;"需大于供型"小区是指人群需求拉力大于商业供给推力,小区商业设施现状难以满足人群需求的居住小区,在三个圈层尺度下都呈现"需大于供"的小区中择优选择华严北里3号院作为研究案例。

1. "供大于需型"小区典型案例商业现状

和平西街一号院是"供大于需型"小区的代表,其属于和平街街道,位于和平西街沿线、北京中轴线附近(图5-15)。

从生活圈形态来看,15分钟生活圈为菱形,一方面是因为周围有奥林

图5-15 和平西街一号院所处社区生活圈商业设施分布图

匹克公园、太阳公园局限了生活圈的范围，另一方面是此处位于北三环和和平西桥的交角处，沿着辅路直行15分钟所到达的最远距离，要比侧向路走得更远，使得生活圈呈菱形。

从城市肌理来看，北京城区北部道路密集，步行15分钟可以覆盖2.183平方千米的面积，交通便利性远高于其他样本小区，且道路主次关系清晰，方格网格局明显，越靠近城中心，建筑密度越高，楼层越低，道路网格局规制，居民可选路径丰富。

从业态分布来看，各商业业态沿着路网均匀分布，餐饮服务和生活服务分布较分散，购物服务具有一定聚集性，其中南侧购物服务密集的区域是一处购物中心。从图中也可发现，因为此处购物中心的存在，周边社区商业网点较少，而北部社区商业分布较为均匀，靠东侧东二环主路附近商业网点较为密集。

在实际调研中发现，和平西街一号院属于1998年建成的老旧小区，以老式的六层建筑为主，周边商业配套设施比较完善，根据当地居民特点而开设的专业店种类比较齐全，但是大型百货商场、外资超市等品质提升类业态比较匮乏。和平里地区所处位置较为特殊，社区内既有一些机关家属院，也有新建社区，还有北京兴建较早的和平里社区，部分居民是老北京的平房回迁户。在和平里西街与青年沟路口，刚刚改造升级完的天丰利商场是和平里地区唯一一家较大型的百货商场，商场内多是服务中老年消费者的品牌，虽未能满足辖区内年轻人的消费需求，但是其以老年人为主的定位是与属地老龄化社区的现状相吻合的。周边教育资源较多，没有更大的空间去发展大型百货等业态，因此采取在现有格局上因地制宜，很多老旧小区外围被一圈社区商业环绕，包括各种档次的餐馆和快餐店，同时服装类商业网点种类丰富，如图5-16（a）所示。

和平西街一号院突出特点就是将社区商业配套设施与新老社区有机地串联，且这些商业网点是围合于居住小区之外的，如图5-16（b）所示。但是商业配套设施离完全迎合当地居民的消费需求还有一定距离，需要考虑居民的年龄结构、消费需求的多样性。由于和平里地区规划等历史原因，要想在辖区内兴建大型的百货商场已不现实，可以通过"缝缝补补"的方式腾退一部分空间发展多元类型的社区商业用于满足青年消费群体的需求。

2."需大于供型"小区典型案例商业现状

华严北里3号院是"需大于供型"的代表，其位于朝阳区健翔桥附近，小区往东500米范围内可以到达中华民族园和奥体中心，周边交通便利。

从生活圈形态来看，整体形态呈梭子形，如图5-17所示。因其紧邻北辰西路，所以这也是其15分钟步行范围可达到的最远范围，华严北里3号院周边道路呈"川"

（a）单独设置的餐饮类底商　　　　　（b）在小区入口周边的底商

图5-16　和平西街一号院周边商业设施现状图

字形道路，生活圈形态也随着道路的走势顺延。与"供大于需型"小区相比，由于受到东侧中华民族园和西侧京藏高速影响，其15分钟生活圈面积明显变小，为2.434平方千米，相同时长可以到达的面积有限，使得更远范围的社区商业不能惠及华严北里3号院。

从城市肌理来看，此处属于密集居住区，从疏密上与周围的大型景区和体育园区形成鲜明对比，在15分钟生活圈内人口密度较高，但是由于紧邻大型公

图5-17　华严北里3号院所处社区生活圈商业设施分布图

共服务设施，使得周围社区商业分布比较局促、数量有限，难以同人口密度相耦合，造成"需大于供"的现象。

从业态分布来看，社区商业以餐饮和生活服务为主，购物服务较少。在华严北里3号院以东是围绕中华民族园建设的唐人街大厦，该写字楼自带商业街，集高档办公、商业购物、邻水豪宅、餐饮娱乐于一体。西侧京藏高速单侧辅路分布沿线单层社区底商，主要以餐饮为主，整体来看，设施种类和数量适中，但是由于所处位置的特殊性，导致社区商业多数集中分布于5分钟和10分钟生活圈范围内，15分钟生活圈内的社区商业较少。

在实际调研中发现，华严北里3号院四周空间做了更新改造，不临街面设置了艺术围墙，临街面独立设置了二层底商，与居民楼分立，既起到围合作用，也能减少对居民楼的干扰，如图5-18（a）所示。西侧民族园附近的唐人街商业设施丰富、种类多样，如图5-18（b）所示。小区周边商业种类数量并不匮乏，但是却属于"需大于供型"的典型小区，从4.4节可知，其所在的亚运村街道整体呈现"需大于供"的状态，究其

（a）小区外部环境　　　　　　　　　（b）周边集中式商业

图5-18　华严北里3号院周边商业设施现状图

原因是华严北里3号院5分钟生活圈内人口数量为17547人、10分钟生活圈内人口数量为67325人、15分钟生活圈内人口数量为129751人，在各个圈层尺度内人口数量都位于前列，而商业供给水平处于平均水平，使得结果呈现需求显著高于供给的状态。

5.2.2　按交通作用类型划分

1. "交通超前型"小区典型案例商业现状

交通超前型小区以惠新西街南里5号院为代表，其位于小关街道内。从生活圈形态来看，惠新西街南里5号院位于井字格路网内，东南西北都有双向并行的两条城市道路可以延展生活圈的范围。如图5-19所示，生活圈整体形态是以交通路网为骨架结构，生活圈的边界形态反映着道路分布情况，生活圈经过道路的延展后，15分钟生活圈可以覆盖2.240平方千米的范围，10分钟生活圈可以覆盖0.764平方千米的范围，5分钟生活圈可以覆盖0.135平方千米的范围。从城市肌理来看，15分钟生活圈内居住区以板式建筑为主，建筑高度普遍较低，生活圈被横向的元大都遗址公园分成南区和北区，交通路网格局显著，居住区在辖区内成体块被道路分割。从业态多样性来看，以餐饮和生活服务为主，购物服务次之，虽然没有密集的商业区，但是全域商业网点分布均质，社区商业主要沿着道路布设，南北两侧的商业数量多于中线区域。

在实际调研中发现，小区周围是有很多写字楼，配备有地上和地下停车

图5-19　惠新西街南里5号院所处社区生活圈商业设施分布图

场,南侧是地铁十号线沿线,小区西南角的地铁站是惠新西街南口站,是五号线和十号线的交点;地上交通是双向十车道,车流量大,但是会存在一定噪声污染,如图5-20(a)所示;小区东门、西门和北门都有公交站,有十几条公交线可以到达想去地点。小区周边社区底商丰富,如图5-20(b)所示。

(a)周边交通情况　　　　　　　　(b)周边商业设施

图5-20　惠新西街南里5号院周边商业设施现状图

2."交通滞后型"小区典型案例商业现状

交通滞后型小区以保利嘉园三区为代表,位于常营街道内。

从生活圈形态来看,生活圈被北侧的叠泉乡村俱乐部切割,其他道路形态不规整,导致生活圈面积缩小。如图5-21所示,15分钟生活圈面积为1.658平方千米,10分钟生活圈面积为0.741平方千米,5分钟生活圈面积为0.162平方千米,面积明显小于"交通超前型"的惠新西街南里5号院,因此"交通滞后"会直接压缩相等时长内的步行最远距离,并且随着圈层尺度的扩大,面积呈指数压缩。

从城市肌理来看,此处居住区以高层小区为主,小区与小区之间分割道路清晰,但小区内部道路不对外开放,生活圈内的各小区是典型的新建高层小区格局,生活圈内公共道路较少,建筑密度相对稀疏,居住品质适宜,但是道路通达性弱,便利度不足。

从业态分布来看,西南侧的长楹天阶购物中心业态类型和数量非常丰富,可以极大满足保利嘉园三区及其周边小区的消费需求,围绕一些重要生活道路

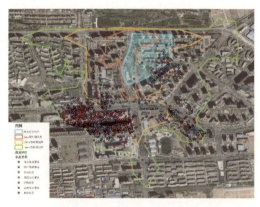

图5-21　保利嘉园三区所处社区生活圈商业设施分布图

分布了较多商业设施。整体来看，购物服务的比重增加，餐饮和生活服务的网点数量较为丰富。虽然从数据得到的保利嘉园三区所处生活圈是"交通滞后型"，但是因为居民可以直接去集中式商业满足消费需求，生活圈内因为有长楹天阶购物中心，其商业供给水平非常优渥，侧面造成了交通条件与商业供给不相匹配的分析结果，实际人们日常生活可能因为有大型集中式商业的存在，使交通对于商业供给水平的影响变得很小。

在实际调研中发现，保利嘉园三区单栋居民楼高度达28层以上，周边也以新建高层建筑为主。在北京城区内，集中连片的大型高层住宅区比较少见，为了考虑采光等多种因素，楼间距较大，空间较为开阔，如图5-22（a）所示；沿着主街道路两侧都配有二层社区商业，商业业态丰富，但是马路两侧的自行车道存在机动车乱停放现象，导致用于通行的车道过少，产生拥堵现象，街道空间不够宽敞，使得社区商业店前到马路空间狭窄，宽度仅有6米左右。如图5-22（b）所示，小区内有地下停车场，但是开车来的食客多数选择将车辆停放在路边，造成了车行路的局促，影响市容市貌，不利于商业供给与人群需求的耦合协调发展。

（a）小区外部环境　　　　　　　　　　（b）周边商业设施

图5-22　保利嘉园三区周边商业设施现状图

5.3　微观问题总结

5.3.1　不同类型住区居民的商业需求分异问题

从"人群需求推力"入手，因人群需求数据获取有一定难度，且有关社会和经济的需求难以量化，在实地调研中，发现不同类型居住小区居民的商业需求存在某种程度的一致性，因此将人群需求简化为不同类型居住小区间的需求分异，从建成年代和居住密度进行划分和研究。新建小区与老旧小区按照建成年代划分，其社区生活圈内的商业存在一定差异性，老旧小区普遍靠近市中心，商业设施丰富，可以极大地满足居民需求，但会带来交通拥堵、生活噪声大等弊端；新建小区普遍位于近郊区，商业配套设施还未发展到城区水平，社区商业供给水平较差，但是新建小区中一部分是大户型平层住宅或别墅，居民多数属于高薪阶层，出行方式以驾车为主，并不需要过多的社区商业，所以社区商业要与人口空间分布相匹配，要满足社区绝大多数人群的需求，实现耦合协调发展为宜。

同时，社区商业不只与所属小区的新旧程度有关，也与小区居住密度有关。高密度小区虽然商业设施充足，但是人口密度大，商业设施供不应求，难以提供优质的生活环境；低密度小区一般指容积率在1.5以下，高度在18米以下的住宅，主要包括独立别墅、联排别墅等，此类住宅多数远离城区，环境适宜，但周边商业配套不足。建成年代和居住密度仅是小区类型划分的两个参考依据，这两个参考依据与居民属性存在一定的关联度，也影响着生活圈内现状商业供给水平，了解一个社区生活圈内所有居住小区的类型，能初步分析每个小区居民周边商业设施需求的侧重点，将人群需求整合，进一步了解一个完整的社区生活圈内各居住小区的商业需求分异。

5.3.2 供需匹配的动态界定和精细化维稳问题

从"人群需求推力"和"商业供给拉力"的供需匹配入手，在5分钟生活区圈内，815个居住小区中，"供大于需型"小区有682个、"需大于供型"小区有50个；在10分钟生活圈中，"供大于需型"小区有741个、"需大于供型"小区有25个；在15分钟生活圈中，"供大于需型"小区有697个、"需大于供型"小区有30个。从数量上可以发现，北京市朝阳区绝大多数的社区商业处于"供大于需"的状态，但需要的不只是增设商业设施，而是优化已有的商业设施配置，10分钟生活圈"供大于需型"小区多于5分钟生活圈，"需大于供型"小区少于5分钟生活圈，而15分钟生活圈两者均小于10分钟生活圈，造成这一现象的原因是，15分钟生活圈与5分钟和10分钟生活圈相比囊括了成倍数的土地，人口数量也成指数增长，因此会呈现需求多于供给的现象。但其实在日常生活中，还是以小尺度的生活圈供需匹配更有研究价值，随着圈层尺度的扩大，交通情况复杂，诸如商务区、学校、医院等其他大型公共服务设施也会影响社区商业的分布。社区商业的供需匹配仅从人群需求、商业供给和交通纽带三者研究过于单一，考虑因素不够周全，虽然本次研究在指标层面暂不考虑包括经济、政策、社会因素的影响，但是为了让研究更具有实际意义，需要针对更多具体问题提出优化策略。

北京市朝阳区"供大于需型"小区因为所处地段较为优越，靠近城中心交通便利、周边有产业和商务区，使得每天有大量的办公人群流动；或者靠近商圈，吸引外来游客来此参观。这些都是吸引社区商业聚集的因素，社区商业自身定位是一种以社区范围内的居民为服务对象，以便民、利民，满足和促进居民综合消费为目标的属地型商业。但是主要是个体户经营，都遵循经商趋利避害的铁律，因此政府应适当引导，完善和发展商圈和城市住区的基本盘，比如现有的商圈如何可持续发展，像朝阳大悦城一样，可以满足地区商业供给的不足，在居住区中能够带动一片区域的商业发展；如何稳步推进朝阳区棚户区改造和新小区建设，很多小区所处位置过于偏僻，且周围没有形成完整的社区生活圈，要如何与新小区开发同步，依据供需匹配关系来完善周围的商业配套设施；如何动态界定不同类型住区的需求分异，高档小区的住户对社区商业的需求较弱，例如首开琅樾二期及其周边小区基本没有社区商业，主要以园林绿化为主，住户们开车出行，消费范围扩大，不局限于社区商业；如何持续有效地引导社区商业健康经营，比如北京像素南区起初规划合理，后期人流大，租户变多，周边社区商业逐渐混乱，缺少规划和管理。小区之间的差异，难以从人口数量上直观反映，那么供需的平衡问题要依据小区类型和所处地段做精细化的细分和考量，也需要持续维持其稳定向良性发展。

5.3.3　交通路网对社区商业的两面性影响问题

从"交通纽带效力"入手，将交通因素考虑到社区生活圈商业设施供需匹配研究中，因为人口分布和商业聚集都会受到交通站点的影响，人群与商业之间的互动也需要交通路网来联系。针对交通与人群和商业之间关系，将其定义为"交通超前型""交通同步型"和"交通滞后型"。这是借鉴电学概念，因为电网系统无法储能，所以供需之间必须实现实时的平衡稳定，如果出现电压、电流的超前与滞后现象，都将会损坏设备、造成安全隐患，交通与商业供给和人口需求之间同样具有超前和滞后作用。"交通超前型"小区可以促进供需双方的相互促进，"交通滞后型"小区会抑制供需双方的动态匹配。

在5分钟生活区圈内，815个居住小区中，"交通超前型"小区有230个、"交通同步型"小区有570个、"交通滞后型"小区有15个；在10分钟生活圈中，"交通超前型"小区有189个、"交通同步型"小区有612个、"交通滞后型"小区有13个；在15分钟生活圈中，"交通超前型"小区有328个、"交通同步型"小区有482个、"交通滞后型"小区有5个。从数据上来看，随着圈层尺度的扩大，"交通超前型"小区数量逐渐增加，5分钟和10分钟生活圈主要以"交通同步"为主，15分钟生活圈内"交通超前型"小区数量倍增，各圈层尺度下"交通滞后型"小区极少。

从实际情况来看，需要清晰界定"何为交通超前与交通滞后"，交通通达性优劣并不由道路的宽窄和条数决定，一个居住区如果交通占用大量土地，也会使得居住区整体呈现割裂的状态，详见5.2.2节北京像素南区交通存在的问题，那么如何衡量交通路网对社区商业的两面性影响需要进一步的分析。

5.4 本章小结

本章以耦合协调度为参照数，将815个居住小区按照"商业—人群—交通"的自身特点和耦合关系进行分类。自身特点从"人群需求推力"和"商业供给拉力"两个角度选取典型案例小区分析其生活圈形态、城市肌理和业态分布，了解影响其商业供给水平的空间因素和现状条件；耦合关系从"供需匹配关系"和"交通作用类型"两个角度选取典型案例小区，进行类似分析，研究影响相对关系的空间因素和现状条件。最后，总结出影响社区商业供给水平的三个微观问题，包括不同类型住区居民的商业需求分异问题、供需匹配的动态界定和精细化维稳问题和交通路网对社区商业的两面性影响问题，下一章针对4.5节提出的宏观地理区位问题和5.3节提出的微观空间环境问题推导优化建议。

第6章

社区生活圈的商业设施优化策略研究

6.1 人群需求侧优化策略

6.1.1 丰富数据获取途径，探察居民真实需求

本研究从人口规模、人口密度和购买力进行量化研究，缺少对居民个体需求的了解以及经济、政策因素方面的研究，因获取途径的限制且难以摸清居民的多样化商业需求。比如区域内居住人口和办公人口数量以及人群特征。同时，受限于数据获取方式和统计方法，这些数据只能按年度更新，由于城市化过程中，人员流动日益频繁，传统的数据口径已不能满足动态化的人口变化跟踪需求。当前，由于手机的普及率极高使得通过手机信令数据反推人口总量规模成为可能。因此可以通过手机信令，了解研究区域内居民的客群画像和活动规律，掌握大量个体的活动特征，准确反映区域内整体人流特征，丰富人群需求推力的次级指标，让大数据分析更加真实可靠。同时，网络上一些大数据分析网站，以月狐iMarketing、数位观察为代表的网站同样提供API接口，可以获取海量的个体客群数据，这些途径都可以更精细、准确地探索人群的需求特征，用于社区生活圈的供需匹配研究。

6.1.2 不同住区需求分异，有针对性发展更新

城市中各类型住区混合，商业设施配置寻求一定程度的供需匹配，需要了解研究区内居住小区的自身特点。针对新建小区，应当要求开发商对社区商业配置进行规制，不能为了收取租金，任其"野蛮生长"，要保证生活圈尺度内商业设施的供需平衡。针对老旧小区，要缓解因为商业饱和或者业态单一带来的负面影响。比如在商圈和商务办公附近的老旧小区，存在噪声污染环境污染、交通拥堵等城市问题，只有解决此类问题，才能营造高品质的社区商业。例如和平西街一号院周边社区商业类型单一，主要服务中老年群体，地区缺少活力，难以吸引更多年轻消费群体，也难以让社区商业形成良性发展。同时，小区的居住品质不同，其所需社区商业需求也不同，可将社区档次分为四类，分别是豪华小区、高档小区、中档小区和低档小区，居住小区具体商业设施分类标准如表6-1所示。

不同品质居住小区商业设施分类标准　　　　　　　　表6-1

社区档次	地域	容积率	建筑品质	商业配套
豪华小区	地段稀缺 交通便捷 环境宜居	低	别墅、低层高品质建筑为主，设施高档	会所式配套，基本无商业设施
高档小区	地段优异 交通顺畅 环境宜居	较低	中低层高品质建筑为主，设施高档	满足日常生活需求，提供个性化消费和多元服务
中档小区	地段普通 交通可达 环境普通	较高	以中高层建筑为主，设施普通	满足日常生活必要商品即便利服务
低档小区	地段较差 交通不便 环境不佳	高	建筑样式普通，基础设施为主	保障基本生活需求，提供必须生活服务

住区密度也会对社区商业产生差异化影响，以高密度小区为例，保利嘉园三区的高层小区，在15分钟生活圈内周边既有社区底商也有大型购物中心，通过混合的商业类型来满足高密度住区的居民的消费需求；而北京像素南区，建成之初起点很高，但是后期缺少维护、商住混用、缺少统一管理。高密度小区居住密度高，极容易造成交通拥堵，侧面降低了社区商业的品质。低密度小区以别墅和花园住宅为主，居住小区自身缺乏社区商业，但是住户对其需求量较小，此类小区主要位于郊区，周边商业设施不够成熟。

本研究仅从典型案例小区自身属性来分析人群需求，但其实一个真实的社区生活圈会由多个居住小区共同组成。本研究为了保证研究样本的单一性和纯洁性，以单个居住小区为研究样本，研究了其5分钟、10分钟和15分钟生活圈范围内的商业设施。在真实语境下，为了减少冗余性，应当将多个居住小区整合为一个社区生活圈，摸清圈内每个小区的自身特点和人群需求，形成一片区域整体的人群需求，再因地制宜、精准施策，从地理数据和空间环境尺度把握社区商业的空间分布和布局方式，以提升其供给水平。

6.2 商业供给侧优化策略

6.2.1 补齐基本保障商业，优化现有业态配比

朝阳区商圈众多，在《北京市商圈活力研究报告》中，朝阳区的CBD、三里屯、亚奥、双井、朝外、望京商圈都进入前十行列，这些商圈也带动周边社区商业的集聚，形成多中心的发展格局。但是在发展过程中区域间差距过大，市场面供需不平衡，不利于社区商业的可持续发展。比如，团结湖南里小区和华阳公寓均处于耦合协调度高位小区，团结湖南里小区因为周边有商务办公区，带动地区社区商业发展，华阳公寓周边有潘家园眼镜城和潘家园旧货市场，属于有地方特色的区域，有此类购买需求的游客也会前往，这些小区周边商业服务对象是随时变化的，因此社区商业可以依托周边产业发展实现自我更新。但是扬州水乡、双桥小区、富力又一城C区等因为所处区域偏僻，或是被铁路、公园、工厂阻隔，基础保障类商业难以引入，虽然在这些小区的生活圈内没有丰富的客流，但是固定的居民对基础保障类商业也有着很大的需求，政府应当在这些商业供给薄弱的地区引入基础保障类商业，实现区域内商业供给与人群需求的耦合协调发展。

在补齐基本保障商业的同时，对于商业供给水平较差的地区要通过社区商业设施空间布局给在地居民提供日常生活的便利，健全生活服务设施，如银行、邮局、医院等；业态组合要丰富，以满足消费者不同层次的需求；应当与小区会所和集中商业的业态要有所差异，避免重复；在后期社区商业发展较好后，适当引入一些特色目的性业态，以便能聚集人气。在填补商业设施的同时要注意不破坏居住环境，保证居住区不受打扰。

6.2.2 腾退街道闲置空间，建便民商业综合体

市中心用地空间紧张，单独的底商门店风格各样，不方便统一管理和规制，容易造成街道风貌凌乱、交通拥堵等问题。因此可在城区内商业供给不足的地区腾退街道闲置空间，建设便民商业综合体，集蔬菜零售、社区超市、家政等八项便民业态于一体，保证良好的卫生条件及规范秩序，让居民在家门口就能享受到"一站式"的购物体验。在补齐短板的同时要创新亮点，比如新源里东小区周边的三源里网红菜市场，过去是简朴的露天菜市场，也被冠上了脏乱差的称号，但因它的地理位置特殊，在使馆区附近，为了提升它的整体形象、提高定位消费，菜市场对准了中高端精品消费的市场。大到产品种类多元，小到产品金字塔型的摆放，处处彰显生活美学，将本土化

和国际化相结合，自身定位和所服务的客群极为清晰。对于建设便民商业综合体，要坚持"便民、利民、惠民"原则，以改善民生、促进消费为导向，合理区分购物区间、有效规划经营摊位、加大保洁频次、增设居民购物休息区等，提升居民的购物体验。同时对价格公示、经营范围、售后服务等情况做好监督工作，进一步提升辖区居民的幸福感、满足感、获得感。

除了建设集中式便民服务中心，如需对现有街道空间内的社区商业重新规划，建议集中组团放置，利用聚合效应有意识地引导、组织人流，以此达到引发商机、聚拢人气的目的。一些精品超市、大型中餐厅有较强的聚客能力和导向作用，建议放置在沿街商业的一端；如果设置超市，最好在一层，将餐厅安排于超市上层；对于某些重要而又非经常性参与的必备性商业，比如银行、邮局等，建议设置在商业街的端头，其余商户夹在其中呈线性排布，促使消费人群从有意识有目的性的消费转化为游走体验，进而提升商机与人气；应充分考虑不同业态间的匹配度，实现协同作用最大化；有些商业业态需形成商业集群来提升吸引力，如儿童用品和美容美发服务，有些具有排斥性特征的商业业态必须相互避开，比如医疗诊所和餐饮店。在调研中发现，绝大多数社区底商是个人投资，粗略估计占比超过95%，商铺面积在30~350平方米之间，其中以100~200平方米最受欢迎，平均层高3.6~7.5米，在之后的社区底商规划中，可以考虑以这些尺度为设计依据。

6.3 交通路网优化策略

6.3.1 关注交通枢纽地段，健全道路可选择性

发达的铁路网联通周边城市与北京城区，但是给铁路周边的小区发展带来了极大的阻碍。铁路及其周边配套设施占用大片土地，且有一定连续性，分割了社区生活圈，不利于生活圈内商业设施的发展。本研究致力于促进公平，让居民能某种程度均等地享受商业资源，因此有关政府需要对受铁路影响的住区，补足其必需的商业设施，完善基础步行路，让居民出行有更多可选择出行方向，而不是完全被铁路封锁，应当提高其生活的便利性。

北京市朝阳区辖区内现有6条铁路线，4个火车站，具体情况如下：

（1）京承铁路：跨双井、管庄两街道办辖域和南磨房、高碑店、三间房、管庄四乡辖域。通过朝阳区的路段自西向东与建国门南大街、东三环中路、西大望路、高碑店路、双桥路、双桥东路相交。

（2）京奉铁路：西起北京市双桥辅助编组站，朝阳区范围内，该铁路跨管庄街道办辖域和管庄乡辖域。经过朝阳区内与双桥路、双桥东路相交。

（3）京地铁路：西起北京站，朝阳区内，跨双井、管庄两街道办辖域和南磨房、高碑店、三间房、管庄四乡辖域。通过朝阳区的路段自西向东与建国门南大街、西大望路、高碑店路、双桥路、双桥东路相交。

（4）双丰铁路：东起双桥辅助编组站，西至丰台西编组站。朝阳区范围内，跨管庄、垡头两街道办辖域和高碑店、南磨房、十八里店、小红门四乡辖域。在朝阳区内与双桥路、高碑店路、广渠路、王四营路、化工路、大羊坊路、京津塘高速公路、小红门路相交。

（5）望和铁路：北起望京站，南至和平里站。沿线与来广营东路、来广营西路、北四环东路、太阳宫路、北三环东路、青年沟路、和平里北街、西坝河南路相交。

（6）北京东站：位于深沟村西南侧。北邻通惠河，南靠百子湾路。

（7）双桥站：为客货运站和辅助编组站。其中客、货运站位于双桥路两侧，北邻东柳巷，南靠双桥路西里；辅助编组站位于双桥路以东、双桥东路以西地域。

（8）星火站：位于朝阳区中部东风乡境内。

（9）望京站：位于朝阳区北部来广营乡境内。

需要重点关注这些铁路和车站所在区域周边居住小区的商业设施配备情况。商业设施不同于其他公共服务设施，倾向于聚集在人流量大、交通便利的地区，铁路周边社区商业难以持续发展，政府应当出台一定的利好政策，对这些区域内的商户提供帮扶，引导朝阳区内商业设施朝公平均等化发展。

6.3.2 发展小街区密路网，交通因素取长补短

在对朝阳区的实地调研中发现，交通纽带效力存在两面性影响，与"窄马路、密路网"相反的"宽马路、稀路网"并不能减少拥堵、疏解通行压力。相反的是宽马路增加的只是车道数量，而不是人们到达目的地的路径选择，由于过马路的步行距离过长，对行人反而不友好，不利于社区生活圈的构建。

因此推行"窄马路、密路网"的城市道路布局理念，形成高密度路网有助于提高道路通达性。"窄马路、密路网"的城市路网密度较大，密路网以支路系统为主，兼有部分次干路，路网较为均质、宽度较窄，街区尺度较小，街区面积也较小。在经济效益方面有利于促进城市土地高效利用、提高土地利用效率和效益，引入丰富的社区商业，繁荣城市商贸服务。在社会效益方面有助于建设尺度宜人、开放包容、邻里和谐的生活街区，提高城市活力、品质和民众互动交流的机会。在交通效益方面，较高

第6章 社区生活圈的商业设施优化策略研究

的路网密度给交通组织和出行提供更多选择的机会，有助于打造连续舒适的慢行交通系统，提升慢行交通的可达性，发挥交通路网对社区商业的正向影响。

6.4 本章小结

本章从人群需求侧、商业供给侧、交通路网三方面总结优化提升建议。人群需求侧建议丰富当前数据获取的途径，以此探究出更真实的居民需求。本研究从不同居住小区类型对人群需求进行大致分类，是从小区尺度的研究，如果数据源更丰富和精准可以以更微观的视角开展研究，深入挖掘居民的真实需求。本书从小区尺度按照建成年代和居住密度划分，可以对研究区内的居住小区按类型有针对性地发展更新。商业供给侧建议丰富基础保障类商业，优化现有的业态配比，通过大型商圈带动周边地区的商业发展，也可以腾退街道闲置空间，建设便民商业综合体来完善业态配比，值得注意的是建设综合商业设施体量越大，风险和成本越高，因此要因地制宜，有的放矢。交通路网方面建议关注交通枢纽地段，在对朝阳区实地调研中，发现辖区内工业用地、物流仓储用地以及道路交通设施用地周边的居住小区普遍商业供给水平低，难以形成通达舒适的便民生活圈，需要疏通内部道路，丰富道路可选择性，同时要大力发展"窄马路、密路网"的交通格局，让交通路网在社区商业供需匹配关系中发挥正向作用。

第 7 章
结论与展望

7.1 研究结论

1. 提出了社区商业设施的公平性与均等性研究

当前对社区商业的研究多关注于业态丰富、种类多样，对于服务不同人群等方面，却无法系统性地回答针对一个区域内社区商业供给情况如何、供需关系如何的问题。社区生活圈是服务居民的最后一千米，生活圈内商业设施虽不同于医疗、教育等公共服务设施极其强调公平性，但是社区商业是每个居民日常生活的基本保障。居民在选择居住地时，对于周边商业资源的考量是同等重要于周边医疗资源和教育资源的存在，因此本书提出针对社区生活圈内商业设施供给水平的研究，试图从公平性与均等性的视角来分析社区生活圈商业设施供需匹配情况，扩宽有关社区商业的规划思路。

2. 提出了社区生活圈多尺度下商业设施供给水平耦合协调模型

对于社区生活圈商业设施供给水平耦合协调的评价体系分为人群需求推力、商业设施拉力和交通纽带效力三大指标，每一个指标都由多个次级指标通过权重叠加得到。指标体系注重的是三项指标间的相互作用、体系的整体性以及各项一级指标能否被准确表征。指标的选取受制于数据源、研究方法的限制，如若未来有更多更精确的数据源可以获取，可以进一步丰富"商业—人群—交通"三者所包含的次级指标，增加新的评价依据，并对指标体系重新赋权重。基于耦合协调发展指标的计算，将其划分为协调发展类和不协调发展类，协调发展类有"优质协调""良好协调""中级协调"和"初级协调"类；失调发展类包括"濒临失调""轻度失调""中度失调"和"严重失调"类。在此基础上，通过比较三项指标得分，根据供需匹配关系，分为"供大于需型"小区、"需大于供型"小区和"供需平衡型"小区；根据交通作用类型，分为"交通超前型"小区、"交通同步型"小区和"交通滞后型"小区。根据地理空间分布特征，找出研究区内得分较低的生活圈，总结导致其结果呈现不协调的原因。

3. 应用耦合协调模型探究北京市朝阳区商业设施供给水平

朝阳区作为北京市的中心城区，开发方向沿着三环、四环呈辐射状分布。发展给居民带来了利好，也造成了社区商业资源配置公平性与均等性的欠缺。将耦合协调模型应用于针对北京市朝阳区社区生活圈的商业设施供给研究中发现，朝阳区靠近市中心三环、四环以里和长安街东延线商业供给水平高，与人群需求的耦合协调程度高。5分钟生活圈视角下有多数社区处于供需平衡状态，"需大于供型"小区均匀分散于研究区内，较大程度受到社区自身影响，5分钟生活圈内"交通滞后型"小区较少；10分钟生活圈"需大于供型"小区集中在小关街道、亚运村街道、望京街道和太阳宫街道，这一区域人口数量高，购买力强，而商业供给未满足需求；15分钟生活圈社区商业供给水平结果与10分钟生活圈类似，朝阳区在人口密度和消费水平的差异，社区商业应在空间层面作出相应补足；10分钟生活圈和15分钟生活圈中，"交通滞后型"小区集中在双井街道、劲松街道和潘家园街道附近。朝阳区社区生活圈商业设施供给水平整体达标，部分供给不满足需求或交通未形成良好衔接作用的区域需因地制宜，依据实际情况提出优化措施。通过对朝阳区的应用研究，从宏观层面总结当前社会商业发展的三个主要问题是城市发展进程中的空间分异问题、社会不公平与资源分配不均问题、市场调节与政府干预的矛盾问题。

4．对典型案例小区所处社区生活圈范围内商业设施展开实地调研

针对地理区位和大数据的研究反映了社区商业的宏观趋势，但是缺少针对现状成因的研究。这个成因包括经济、社会、城市等多方面因素，在此仅从城市空间角度入手，以"商业—人群—交通"三者自身特点和耦合关系来划分典型案例小区，在实地调研中从生活圈形态、城市肌理以及业态分布三个方面出发，探究分属不同类型的居住小区周边商业设施分布特点。通过调研发现，不同类型住区居民的商业需求存在分异，比如低密度小区对社区商业需求度低，老旧小区存在社区商业类型单一、周边交通环境差、不利于社区商业高品质发展等问题；供需匹配的动态界定和精细化维稳存在难度，比如处于亚运村街道附近人口密度较高，其周边商业设施健全，但是从数据上未能与人群需求相匹配等问题；交通路网对社区商业存在两面性影响，城市住区的交通路网面积不能过大，过大反而会对居民通行造成障碍，要引导交通对社区商业起到正向引导作用。针对上述问题分别从人群需求侧、商业供给侧和交通路网提出优化策略。

7.2　创新点

当前国内外关于社区商业设施研究大部分以定性研究为主，而定量化研究多限于对社区商业布局的研究。本书借助大数据和ArcGIS地理信息技术，从城市层面定量化分析每个居住小区5分钟、10分钟和15分钟社区生活圈内商业设施的供给水平和布局特征，构建5分钟、10分钟和15分钟生活圈社区商业供给水平耦合协调模型，拓宽了社区生活圈和社区商业研究的分析视角。

本研究从促进公平、让属地居民公平性与均等性地享受商业资源出发，采用空间分析与地理可视化相结合的方法，对有关商业设施的人群需求推力、商业设施拉力和

交通纽带效力进行耦合协调分析。在此基础上，对社区生活圈内商业设施供给水平进行公平、均等化评价，找出薄弱地区，进一步完善城市居住区商业设施供给评价指标体系及空间布局的研究，为城市社区生活圈内商业设施提供理论依据。

商业设施作为八大公共服务设施的一种，与其他设施的不同之处在于受到市场的自发调节。城市快速发展使社区商业在空间分布上趋于集中，在规模扩张、服务质量提高的同时，保障类社区商业供给不平衡的矛盾也在日益凸显。商业设施的公平性不局限于在获取服务的过程中绝对平等，还需要考虑到公平的服务效率，比如周边商业网点的可达性和商业设施业态的丰富性等，但此类研究相对缺乏。本研究从"商业—人群—交通"三者的供需关系出发，将耦合协调发展理论引入社区商业设施供给水平评价中，在兼顾公平和效率的基础上，揭示不同居住小区，其社区生活圈商业设施供给水平与人群需求和交通纽带之间耦合协调程度与成因。

7.3 不足与展望

本书以北京市朝阳区为例开展社区生活圈商业设施供给水平耦合协调评价及提升策略研究，关注生活圈视角下的商业设施均等性问题，有一定的创新性，但仍存在不足之处，需要在后续研究中不断优化评价模型，自身局限性如下：

因大数据指标难以获取，耦合协调评价指标有一定局限性。对于大数据的研究受制于数据精度和准确性的限制，人口栅格数据精度为100米×100米；道路数据来自于openstreetmap.org的矢量化处理，可能存在局部道路不完整的情况；POI数据数量巨大，类型多样，规范中提及的社区商业业态类型分类较为模糊，人为对其进行分类存在主观性。将来，在数据源更多样、更精准的条件下，可以丰富经济社会学和人群需求等相关指标，做更深入的研究。

社区商业的宏观数据研究，如果聚焦到商业规模布局的治理优化上，从宏观到微观存在衔接问题。针对多元数据的分析转化为微观实际的治理策略存在一定难度，本书对现状进行大量论述，但是社区商业这一议题从城市规划角度而言，仅从业态类型、规模尺度上难以提出促进供需平衡的优化建议，需要结合经济手段和政策制度的宏观调控，因学科限制无法顾全多方利益所需。而且社区商业不同于绝对公平的公共服务设施，它有其自我更新的内在逻辑，实现的是相对公平，即使是基本保障类商业，也会有其经营门道和存活逻辑，通过耦合协调模型研究的供给水平站在了宏观的立场之上，找到了供需匹配不足的地区，但缺点是无法聚焦问题的根本原因，无法因地制宜地提出更有针对性的调控策略。

在针对社区商业供给水平的问题上，涉及地理学、社会学、经济学、工学、管理学等多个学科，每个学科都可以从自身理论体系出发，站在不同角度、不同立场上对这一问题进行探讨。本研究指标的选取以城市空间评价为出发点，缺少关于经济社会学有关市场回馈和商业维持的相关指标，缺少关于社区商业的优惠政策与利好制度方面指标，缺少关于人群实际需求和使用体验方面的定性指标。这使得研究模型更像是对已有数据的定量化分析，未能与定性指标相结合，是一种理想状态下的研究。另外，本研究面向的是815个居住小区，计算量巨大，因此需要在模型中选择更适宜的分析工具，这涉及统计学内容，存在一定困难，也造成了指标的选取比较保守和谨慎。

参考文献

［1］吴安宁. 5分钟生活圈：以人为本 全龄友好［N］. 河北日报，2020-04-1.

［2］Yue Y, Yongsheng Q, Junwei Z, et al. Walkability Measurement of 15-Minute Community Life Circle in Shanghai[J]. Land, 2023, 12(1).

［3］Hongzan J, Miaomiao X. Delineating Urban Community Life Circles for Large Chinese Cities Based on Mobile Phone Data and POI Data: The Case of Wuhan[J]. ISPRS International Journal of Geo-Information, 2022, 11(11).

［4］Wenping L, Shuwen Z, Xuyu H, et al. Effects of spatial scale on the built environments of community life circles providing health functions and services[J]. Building and Environment, 2022,223.

［5］Haoyuan W, Liangxu W, Zhonghao Z, et al. Analysis and optimization of 15-minute community life circle based on supply and demand matching: A case study of Shanghai[J]. PloS one, 2021, 16(8).

［6］马文军，李亮，顾娟，等. 上海市15分钟生活圈基础保障类公共服务设施空间布局及可达性研究［J］. 规划师，2020，36（20）：11-19.

［7］Azimi J, Claver J H, Suzuki T, et al. Identification and analysis of factors influencing food advertisements on buying behaviour of children in emerging consumption markets: the case study of Afghanistan[J]. Journal of Environment studies and sciences, 2016, 6(529-530).

［8］Smardon R C. Kent Portney: Taking sustainable cities seriously: economic development, the environment and quality of life in American cities, 2nd edition[J]. Journal of Environmental Studies and Sciences, 2016, 6(3).

［9］周学文. 社区商业设施空间步行可达性评价及布局优化研究［D］. 杭州：浙江大学，2022.

［10］华晨，周学文，李咏华，等. 社区商业设施空间步行可达性评价及布局优化——以绍兴市三区为例［J］. 浙江大学学报（工学版），2022，56（2）：368-378.

［11］姜淼. 历史文化街区商业业态定量分析方法与比较研究［D］. 北京：北京建筑大学，2019.

［12］陈星安，肖艳阳. 社区生活圈视角下养老设施布局公平性研究［J］. 工业建筑，2021，51（9）：65-74.

［13］田佳玉. 基于GIS的太原市社区生活圈规划策略研究［D］. 太原：太原理工大学，2021.

［14］钟雨妮，罗震东，方鹏飞. 移动互联网时代社区商业空间的演化——基于杭州市主城区的实

证[J]. 城市规划, 2023, 47（8）: 12-20.

[15] 张子瑜. 网购背景下的环首都地区社区商业设施配置研究[D]. 北京: 北京建筑大学, 2019.

[16] 刘佳珩. 网络购物影响下社区商业设施适老化配置研究[D]. 北京: 北京建筑大学, 2022.

[17] 刘定惠, 杨永春. 区域经济—旅游—生态环境耦合协调度研究——以安徽省为例[J]. 长江流域资源与环境, 2011, 20（7）: 892-896.

[18] Shiue I. Future urban design strategies for health and wellbeing Proposal of DIDID action plan and design mapping[J]. Journal of Engineering Design and Technology, 2016, 14(1).

[19] Theanh D, Xiaogeng R. Collineation measurement: A method for constructing the imperial citadel of Thang Long in harmony with nature[J]. Frontiers of Architectural Research, 2022, 11(6).

[20] E T P, Min X. An examination of presenteeism measures: the association of three scoring methods with health, work life, and consumer activation[J]. Population health management, 2010, 13(6).

[21] 叶青青. 社区生活圈视角下公共服务设施配置适老化研究[D]. 天津: 天津城建大学, 2022.

[22] Jingyuan Z, Yok T P. Assessment of spatial equity of urban park distribution from the perspective of supply-demand interactions[J]. Urban Forestry & Urban Greening, 2023, 80.

[23] Kasturi M, Debika M. Spatial equity in urban facility versus residents' satisfaction: challenge for the unplanned cities — a case study of Barasat city, India[J]. GeoJournal, 2022, 87(Suppl.4).

[24] Shujin Z, Peiheng Y, Yiyun C, et al. Accessibility of Park Green Space in Wuhan, China: Implications for Spatial Equity in the Post-COVID-19 Era[J]. International Journal of Environmental Research and Public Health, 2022, 19.

[25] L K E. Evaluating health service equity at a primary care clinic in Chilimarca, Bolivia[J]. Social Science & Medicine, 1999, 49(5).

[26] Omer I. Evaluating accessibility using house-level data: A spatial equity perspective[J]. Computers, Environment and Urban Systems, 2006, 30(3): 254-274.

[27] Ariska I R A, Lestari W D. A spatial equity assessment of the public facilities in the greater Jakarta area using Moran's I spatial autocorrelation[J]. IOP Conference Series: Earth and Environmental Science, 2021, 794(1).

[28] Jan W, Fillipe F, João M L. Efficiency and Equity in the Spatial PlanningPrimary Schools[J]. International Journal of E-Planning Research (IJEPR), 2021, 10(1).

[29] 张小娟, 高敏华, 郭兴芬. 库尔勒市土地利用效益耦合关系研究[J]. 安徽农学通报（上半月刊）, 2012, 18（11）: 25-28.

［30］廖重斌. 环境与经济协调发展的定量评判及其分类体系——以珠江三角洲城市群为例［J］. 热带地理，1999（2）：76-82.

［31］Likun Z, Yanqi L, Liwen C, et al. Evaluation of Coordination and Coupling Degree of Cross-Regional Influence of the Construction Industry Based on Regional Economic Factors: A Case Study of Beijing, Capital of China[J]. Discrete Dynamics in Nature and Society, 2021.

［32］Jianying W, Mei-Po K, Dong L, et al. Assessing the spatial distribution of and inequality in 15-minute PCR test site accessibility in Beijing and Guangzhou, China[J]. Applied Geography, 2023, 154.

［33］Peter G J, Julia G. Berlin Pankow: a 15-min city for everyone? A case study combining accessibility, traffic noise, air pollution, and socio-structural data[J]. European Transport Research Review, 2023, 15(7).

［34］陈程. 基于GIS的南宁市15分钟社区生活圈规划策略研究［D］. 南宁：广西大学，2018.

［35］李锦峰. 公共服务供给空间布局的基层创变——以上海浦东新区"家门口"服务体系为例［J］. 理论与改革，2022（2）：112-122.

［36］李锦峰. 从安全性守护到公共性生产——加拿大"邻里守望"计划及其比较优势［J］. 重庆行政，2022，23（3）：23-29.

［37］Nagase K, Shizukuishi K, Matsumoto S. A study of supply and demand model for parking lots in central shopping area[J]. INFRASTRUCTURE PLANNING REVIEW, 1993.

［38］Lingling H, Xianxue C, Qian Z. Research on the spatial coupling relationship between subway accessibility and commercial facilities in large cities—a case study of Xi'an city[J]. The Frontiers of Society, Science and Technology, 2023, 5(2).

［39］Chenbin D, Lan Z, Wenjuan W, et al. Evaluation of Urban Environmental and Economic Coordination Based on Discrete Mathematical Model[J]. Mathematical Problems in Engineering, 2021.

［40］Reza K A, Ayyoob S, Mohammad H H A, et al. From Garden City to 15-Minute City: A Historical Perspective and Critical Assessment[J]. Land, 2023, 12(2).

［41］刘家男，安睿，何华贵，等. 基于网络分析法的广州市生活便利度测度与评价［J］. 现代城市研究，2022（1）：117-125.

［42］Wanlu W, Li D. Research on accessibility analysis of park green space based on big data: taking Xiongan New Area in China as an example[J]. Beijing Forestry University (China), 2022.

［43］Hao Y, Lamei L, Yuan Y, et al. Discussion on the Construction of Multi-element Geoscience Service System in Future New Urban Areas-A Case Study of Xiongan[J]. 2022 6th International Seminar on Education, Management and Social Sciences (ISEMSS 2022), 2022.

［44］Qinghua Z, Yiran Z. Research on the spatial layout optimization strategy of Huaihe Road Commercial Block in Hefei city based on space syntax theory[J]. Frontiers in Computational Neuroscience, 2023, 16.

［45］Yiyang F, Yuning C. A layout optimization approach to urban park green spaces based on accessibility evaluation: a case study of the central area in Wuxi city[J]. Local Environment, 2022, 27(12).

［46］张伟强. 基于地理设计的学校分布评估与趋势分析［D］. 重庆：重庆交通大学，2017.

［47］陈鲁凤，李成名，戴昭鑫，等. 居民区"15分钟生活圈"公共服务设施配置研究［J］. 测绘科学，2022，47（1）：236-244.

［48］华晨，周学文，李咏华，等. 社区商业设施空间步行可达性评价及布局优化——以绍兴市三区为例［J］. 浙江大学学报（工学版），2022，56（2）：368-378.

［49］Jinkun Y, Linchuan Y, Haitao M. Community Participation Strategy for Sustainable Urban Regeneration in Xiamen, China[J]. Land, 2022, 11(5).

［50］刘欢. 城市治理理念下的宁波社区商业规划策略研究［D］. 苏州：苏州科技大学，2018.

［51］Wolf P, Troxler P. Community-based business models: Insights from an emerging maker economy[J]. IxD&A, 2016, 30.

［52］Yonghua L, Qinchuan R, Song Y, et al. Evaluation and Optimization of the Layout of Community Public Service Facilities for the Elderly: A Case Study of Hangzhou[J]. Land, 2023, 12(3).

［53］常飞，王录仓，马玥，等. 城市公共服务设施与人口是否匹配？——基于社区生活圈的评估［J］. 地理科学进展，2021，40（4）：607-619.

［54］赵鹏军，罗佳，胡昊宇. 基于大数据的生活圈范围与服务设施空间匹配研究——以北京为例［J］. 地理科学进展，2021，40（4）：541-553.

［55］余思奇，朱喜钢，刘风豹，等. 社会公平视角下城市公园绿地的可达性研究——以南京中心城区为例［J］. 现代城市研究，2020（8）：18-25.

［56］何格，肖扬，吴蓉，等. 社会公平视角下广州市城市公园可达性研究［J］. 风景园林，2020，27（1）：90-96.

［57］王敏，朱安娜，汪洁琼，等. 基于社会公平正义的城市公园绿地空间配置供需关系——以上

海徐汇区为例 [J]. 生态学报, 2019, 39 (19): 7035-7046.

[58] 尹上岗, 宋伟轩, 马志飞, 等. 南京市住宅价格时空分异格局及其影响因素分析——基于地理加权回归模型的实证研究 [J]. 人文地理, 2018, 33 (3): 68-77.

[59] 全恒, 毕凌岚, 张玲月, 等. 机会公平视角下的城市 15 分钟生活圈划定与检验——以成都市武侯区为例 [J]. 西南交通大学学报（社会科学版）, 2021, 22 (5): 38-48.

[60] 唐子来, 江可馨. 轨道交通网络的社会公平绩效评价——以上海市中心城区为例 [J]. 城市交通, 2016, 14 (2): 75-82.

[61] 席东其. 基于多源大数据的城市交通可达性与公平性评价 [D]. 南京：南京大学, 2020.

[62] 朱乐. 保障性住房布局的社会公平绩效评价体系——基于南京市多源数据的实证研究 [J]. 城市规划, 2022, 46 (9): 93-105.

[63] 王兰, 周楷宸. 健康公平视角下社区体育设施分布绩效评价——以上海市中心城区为例 [J]. 西部人居环境学刊, 2019, 34 (2): 1-7.

[64] 罗蕾. 湖北省仙桃市农村公共医疗服务可达性与均等化研究 [D]. 武汉：华中师范大学, 2015.

[65] 王飘. 历史街区保护与都市旅游开发的耦合协调度研究 [D]. 重庆：重庆大学, 2017.

[66] 兰心喆, 叶鹏. 外卖餐饮城市空间分布格局与商业特征耦合研究——以武汉市武昌区为例 [J/OL]. 湖北大学学报（自然科学版）：1-9 [2024-07-01]. https://kns-cnki-net.webvpn.ncut.edu.cn/kcms/detail/42.1212.N.20240116.1508.006.html.

[67] 王芳, 高晓路. 北京市商业空间格局及其与人口耦合关系研究 [J]. 城市规划, 2015, 39 (11): 23-29.

[68] 张文鹏, 王江萍. 基于 POI 数据的武汉市零售商业空间布局与人口耦合关系研究 [J]. 住宅与房地产, 2020 (12): 5-6.

[69] 周妍. 基于 POI 数据的商业业态与轨道交通站点空间耦合研究——以杭州主城区为例 [C] // 活力城乡 美好人居：2019中国城市规划年会论文集. 北京：中国建筑工业出版社, 2019: 1090-1097.

[70] 凌昌隆. 街道中心性与生活性服务业集聚的耦合与规划启示——以武汉市为例 [J]. 城乡规划, 2023 (5): 106-114.

[71] 王彦彭, 张高峰. 新经济地理学视角下商业集聚与城镇化耦合关系分析——来自中原城市群 17 城市的经验证据 [J]. 商业经济研究, 2018 (14): 146-149.

[72] 张廷海, 陈阿兴. 商业集聚与城市化的耦合机制边界与调控 [J]. 商业经济研究, 2015 (6): 14-16.

［73］杨乘浩. 人口演化机制耦合作用下的空间设施网络分布机理［J］. 现代电子技术，2013，36（11）：155-158.

［74］侯厦飞，张睿，施裙裙，等. 社区商业供给的渠道选择与耦合机制研究［J］. 中国价格监管与反垄断，2024（3）：18-20.

［75］隆菁，葛幼松，张国栋. 基于GIS的商业网点布局合理性分析——以青岛市城阳区为例［J］. 山东建筑大学学报，2010，25（4）：423-428.

［76］汪虹. 南京老城社区级公共服务设施配套规划研究［D］. 南京：南京工业大学，2013.

［77］Mitchel L, Gary H, Jonathan R, et al. Urban population distribution models and service accessibility estimation[J]. Computers, Environment and Urban Systems, 2007, 32(1).

［78］李亚洲，张佶，毕瑜菲，等. "人口—设施"精准匹配下的公共服务设施配置策略［J］. 规划师，2022，38（6）：64-69.

［79］Sayyah A, Kazemzadeh R B, Sepehri M M, et al. A multi-objective modelling approach to assess the impact of maintenance scheduling on equipment procurement methods[J]. Int. J. of Industrial and Systems Engineering, 2019, 31(2).

［80］萧敬豪，周岱霖，胡嘉佩. 基于决策树原理的社区生活圈测度与评价方法——以广州市番禺区为例［J］. 规划师，2018，34（3）：91-96.

［81］熊薇，徐逸伦. 基于公共设施角度的城市人居环境研究——以南京市为例［J］. 现代城市研究，2010，25（12）：35-42.

［82］赵彦云，张波，周芳. 基于POI的北京市"15分钟社区生活圈"空间测度研究［J］. 调研世界，2018（5）：17-24.

［83］卢银桃，侯成哲，赵立维，等. 15分钟公共服务水平评价方法研究［J］. 规划师，2018，34（9）：106-110.

［84］肖凤玲，杜宏茹，张小雷. "15分钟生活圈"视角下住宅小区与公共服务设施空间配置评价——以乌鲁木齐市为例［J］. 干旱区地理，2021，44（2）：574-583.

［85］张夏坤，裴新蕊，李俊蓉，等. 生活圈视角下天津市中心城区公共服务设施配置的空间差异［J］. 干旱区资源与环境，2021，35（3）：43-51.

［86］曾姗. 基于公共服务设施公平性的新城空间社会绩效评价研究［D］. 武汉：武汉理工大学，2020.

［87］曾韵. 基于多源数据的城市中心区社区生活圈配套设施布局优化研究［D］. 天津：天津大学，2019.

[88] 张波, 赵彦云, 周芳. 小区"15分钟社区生活圈"空间聚类研究——基于POI数据[J]. 调研世界, 2019（1）: 49-56.

[89] 李金戈. 基于5分钟社区生活圈的托老所布局优化研究[D]. 南宁: 广西大学, 2021.

[90] 幸丽君. 公平理念指引下的城市公园绿地空间布局优化[D]. 武汉: 武汉大学, 2019.

[91] 温豪杰, 兰慧慧, 胡春斌. 基于ArcGIS与地图API的交通等时圈构建方法研究[C]//绿色智慧融合: 2021/2022年中国城市交通规划年会论文集. 上海: 中国建筑工业出版社, 2022: 2731-2739.

[92] 侯胜强. 基于人口分布的深圳南山区商业中心布局研究[D]. 哈尔滨: 哈尔滨工业大学, 2015.

[93] 李毓敏. 街区型商业网点空间分布及其影响因素研究[D]. 重庆: 重庆大学, 2018.

[94] 刘畅. 城市设计视角下我国花园城市规划策略研究[D]. 天津: 天津大学, 2014.

[95] 寇世浩, 姚尧, 郑泓, 等. 基于路网数据和复杂图论的中国城市交通布局评价[J]. 地球信息科学学报, 2021, 23（5）: 812-824.

[96] 杨婉君. 基于多元数据的商业街区活力研究[D]. 济南: 山东建筑大学, 2019.

[97] 丛程炜. 基于大数据的城市传统商业中心空间活力评价及提升研究[D]. 青岛: 青岛理工大学, 2018.

[98] 杨建强, 顾鑫. 基于层次分析法的贵州大数据产业商业模式评价指标体系研究[J]. 信息技术与信息化, 2019（8）: 197-199.

[99] 余婷. 基于基本面因子的一种量化选股策略研究[D]. 成都: 电子科技大学, 2022.

[100] 袁剑波, 朱文喜. 公路建设项目后评价内容体系研究[J]. 公路, 2001（6）: 92-95.

[101] 吴慧. 基于耦合协调发展理论的医疗设施公平绩效评估研究[D]. 济南: 山东建筑大学, 2019.

[102] 吴婴. 可达性视角下陕西省西咸新区服务设施空间分布对房价影响研究[D]. 西安: 西安理工大学, 2021.

[103] 刘耀彬, 李仁东, 宋学锋. 中国城市化与生态环境耦合度分析[J]. 自然资源学报, 2005（1）: 105-112.

[104] 邢忠, 朱嘉伊. 基于耦合协调发展理论的绿地公平绩效评估[J]. 城市规划, 2017, 41（11）: 89-96.

[105] 刘安乐, 杨承玥, 鲁芬, 等. 滇中城市群交通网络与旅游业耦合发展研究[J]. 世界地理研究, 2017, 26（1）: 65-76.

[106] 魏玺，席广亮，甄峰. 商业体系与实际服务人口流动性耦合关系研究——以南京都市圈为例[J]. 经济地理，2022，42（6）：55-63.

[107] 赵振乐. 旧城区社区商业空间布局及演化机理研究[D]. 天津：天津大学，2020.

[108] 黄一琦. 基于大数据的城市商业空间热点识别与活力评价研究[D]. 泉州：华侨大学，2021.

[109] 董会敏. 基于POI数据的共享汽车出行影响因素分析与需求预测[D]. 北京：北京交通大学，2021.